# Christa Meves



Christa Meves / Joachim Illies
Lieben – was ist das?
Ein Grenzgespräch zwischen Biologie
und Psychologie
Band 362, 128 Seiten, 12. Aufl.

Manipulierte Maßlosigkeit
Psychische Gefahren im technisierten Leben
Band 401, 140 Seiten, 20. Aufl.

Wunschtraum und Wirklichkeit
Lernen an Irrwegen und Illusionen
Band 433, 160 Seiten, 9. Aufl.

Die Bibel antwortet uns in Bildern
Tiefenpsychologische Textdeutungen
im Hinblick auf Lebensfragen heute
Band 461, 160 Seiten, 9. Aufl.

Ehe-Alphabet
Band 485, 128 Seiten, 14. Aufl.

Kinderschicksal in unserer Hand
Erfahrungen aus der psychagogischen Praxis
Band 501, 160 Seiten, 7. Aufl.

## in der Herderbücherei

Herderbücherei

Band 635

Über die Autorin

Christa Meves, geboren 1925. Studium der Germanistik, Geographie und Philosophie an den Universitäten Breslau und Kiel. Staatsexamen in Hamburg, dort zusätzlich Studium der Psychologie. Psychagogen-Ausbildung an den Psychotherapeutischen Instituten Hannover und Göttingen. Frei praktizierend in Uelzen, Arztfrau und Mutter zweier Töchter. Mitherausgeberin des „Rheinischen Merkur". Vortrags- und Lehrtätigkeit in Rundfunk und Akademien sowie in zahlreichen Arbeitskreisen. Neben Veröffentlichungen in Fachzeitschriften folgende Bücher:
Mut zum Erziehen (Furche-Verlag, 8. Auflage); Die Schulnöte unserer Kinder (Furche-Verlag, 6. Auflage); Erziehen lernen in tiefenpsychologischer Sicht (Bayerischer Schulbuchverlag, 5. Auflage); Verhaltensstörungen bei Kindern (Piper Verlag, 6. Auflage); Ermutigung zum Leben (Kreuz-Verlag, 6. Auflage); Erziehen und Erzählen (Kreuz-Verlag, 5. Auflage); Ich will leben (Verlag Weißes Kreuz, 5. Auflage); Ninive darf nicht untergehen (Verlag Weißes Kreuz, 5. Auflage); Erziehung zur Reife und Verantwortung (Verlag Weißes Kreuz, 3. Auflage); Wer wirft den ersten Stein (Verlag Weißes Kreuz); Chancen und Krisen der modernen Ehe (Verlag Weißes Kreuz); Wer paßt zu mir (Verlag Weißes Kreuz, 3. Auflage); Antrieb – Charakter – Erziehung (Fromm Verlag); Zeitlos Maß in maßloser Zeit, zus. mit L. Kaiser (Comenius Verlag); Typisch Mutter! (Herder); mit B. Hassenstein und G. Heinelt. Das Kind im Vorschul- und Grundschulalter (Herderbücherei-Band 9005, 7. Auflage).
Fremdsprachige Ausgaben liegen vor von: Wunschtraum und Wirklichkeit (niederländisch bei Uitgeverij de Toorts, Haarlem); Die Bibel antwortet uns in Bildern (niederländisch bei Uitgeverij de Toorts, Haarlem – englisch bei Westminster Press, Philadelphia); Ehe-Alphabet (japanisch bei Rupert Enderle, Tokyo – afrikaans bei Tafelberg, Kapstadt).

Christa Meves

# Antworten Sie gleich!

## Lebenshilfe in Briefen

Herderbücherei

Originalausgabe
erstmals veröffentlicht als Herder-Taschenbuch

Umschlaggrafik: Willy Kretzer

1. Auflage Oktober 1977
2. Auflage Dezember 1977
3. Auflage März 1979


Herder Freiburg · Basel · Wien
Herstellung: Freiburger Graphische Betriebe 1979
ISBN 3-451-07635-7

# Inhalt

SORGEN VON ELTERN UND ERZIEHERN

# Einführung

Oft fängt mein Alltag bereits mit der Post an: Es läutet morgens um sieben. Der erste Kontakt mit der Welt besteht in einem Eilbrief. Irgendwo, viele Kilometer weit fort hat jemand Unbekanntes ein ganz brennendes, unaufschiebbares Problem: „Bitte, bitte schreiben Sie gleich", so endet er. Danach, kaum daß ich die oft langen, traurigen und notvollen Geschichten gelesen habe, schellt es abermals. Nun steht mein alter, freundlicher, geduldiger Briefträger in der Tür. Der große Postkasten am Tor, den wir vor Jahren schon vergrößert haben, hat wieder nicht gereicht. So bleibt ihm nichts übrig, als die ganze große Briefladung direkt auszuhändigen. Da stapelt sie sich nun neben meinem Schreibtisch. Ich kann nicht so tun, als gäbe es sie nicht. Wer A sagt, muß auch B sagen. Wer sich angemaßt hat, einem in seelischen Schwierigkeiten versinkenden Volk Wegweiser aufzustellen, muß auch denen zu helfen versuchen, die bei ihm Orientierung zu finden hoffen. Ich *muß* also antworten. Ich *will* auch antworten. Aber ich kann nicht mit meinen Briefen eine kleine Stoßpsychotherapie in Miniform liefern. Es ist auch nicht möglich, ausführlich und erschöpfend zu antworten; sonst müßte ich meine Praxis schließen. Oft fühle ich mich überfordert – ich weiß keine Antwort, ich weiß sie wirklich nicht.

Nicht selten sind die Anfragen einander ähnlich, manchmal enthalten sie auch sehr subtile und der Öffentlichkeit wenig bekannte Probleme, die von allgemeinem Interesse wären.

Dieser Umstand ließ immer einmal wieder den Gedanken auftauchen, einige von diesen Briefkontakten gewissermaßen exemplarisch zu veröffentlichen, nicht um den Lesern ein

Standardrezept für die eigene Schwierigkeit in die Hand zu geben, sondern lediglich, um zum Lösen von Problemen anzuregen, neuen Mut zu wecken und eine Marschrichtung aufzuzeigen, die sich durch eine bestimmte Grundeinstellung zum Leben ergibt, oder um zu der Erfahrung zu verhelfen, daß manchmal bereits vom Zuhören oder Zunicken eines anderen ein Trost oder ein neuer Impuls ausgeht.

Ich habe deshalb einigen meiner Briefschreiber aus den Jahren 1976 und 1977 mit meiner Antwort die Frage gestellt, ob sie eine solche Publikation für hilfreich hielten und ob sie – bei Veränderung von Namen und persönlichen Daten – bereit seien, bei dieser Lebenshilfe in Briefen mitzuwirken. Keiner der Befragten hat das abgelehnt; im Gegenteil: alle haben ihre Zustimmung in selbstloser Hilfsbereitschaft gegeben. Ich weiß, daß das für manche meiner Briefschreiber eine angstvolle Überwindung bedeutet hat. Sie haben für die Leser ein persönliches Opfer gebracht. Besonders die zustimmenden Briefe dieser Art haben mein Herz mit Liebe und Freude für die Schreiber erfüllt. Ich möchte an dieser Stelle allen danken für den Mut, mir keinen abschlägigen Bescheid gegeben zu haben.

Diese Antwortbriefe auf meine Antwort, die Reaktion der Briefschreiber auf mein Mitdenken und Raten sind – gewissermaßen exemplarisch – nur in zwei der Briefkontakte dem nun vorliegenden Büchlein beigegeben. Sie *alle* zu bringen hätte zu viele Wiederholungen, zu viel Monotonie bedeutet. Sie sind darüber hinaus fast alle von einer solchen Stimmung der Dankbarkeit getragen, so sehr des Lobes voll, daß sie für mich nicht publizierbar sind; denn das überhöht mich, so viel Lob steht mir nicht zu, rückt mich selbst zu sehr in einen Mittelpunkt, in dem ich auch bei all meinem Raten in Wirklichkeit gar nicht stehe. Deshalb sind auch entsprechende Eingangspartien der Briefe, die sich anerkennend über meine Bücher und Vorträge äußern, gestrichen worden.

Die Freude, der neue Mut meiner Hilfesuchenden haben mich aber in meinem Nachdenken über eine solche Briefveröffentlichung bestärkt, meine erheblichen Bedenken abgeschwächt; denn mir ist natürlich klar, daß alle Antworten auf Bitten um Rat nicht mehr sind als eine erste Nothilfe. Sie können und wollen nicht mehr sein als ein Notverband für einen Verletzten, den man am Weg liegend findet. Ähnlich wie man einen körperlich Verletzten an eine Unfallstation weitergibt, enthielten fast alle meine Antwortbriefe in einem ersten (in der Publikation gestrichenen) Passus den Hinweis auf eine regionale psychotherapeutische Anlaufstelle.

In den ersten Jahren des anschwellenden Postberges habe ich meine Briefantworten ohnehin auf ein solches Verweisen beschränkt – aber dann machte ich die beklemmende Erfahrung, daß die Hilfesuchenden drängender erneut schrieben, weil die überlangen Wartelisten jede Hoffnung auf Hilfe in absehbarer Zeit dahinschwinden ließen. Ich habe anhand dieser Situation immer wieder Gelegenheit gehabt, über unsere so absolut veränderte, so absolut unzureichende Situation im Bereich der seelischen Hilfe für Menschen nachzudenken.

Wir haben eine phantastische Organisation zur Lebensrettung von Unfallverletzten auf unseren Straßen, wir haben in bezug auf die Rettung der Leiber auch eine hohe Moral: Einer, der einen Verletzten unbeachtet am Straßenrand liegen läßt, muß damit rechnen, daß ihm wegen der unterlassenen Pflicht eines Staatsbürgers, an seinem Nächsten Notdienst zu tun, der Prozeß gemacht wird. Jeder Mensch empört sich mit Recht über einen Menschen, der so egoistisch ist, einem anderen erste Hilfe zu verweigern.

Ein ähnlich hohes Niveau in bezug auf den Menschen in *seelischer* Not haben wir keineswegs, obgleich das mehr als nötig wäre, denn die Zahl der Verzweifelten steigt – das ist aus der Selbstmord- und der Suchtstatistik bitter ablesbar – von Jahr zu Jahr so sehr, daß man auch hier keineswegs *nur* von Seelenwehwehchen, sondern ebenso von einer vielfachen Bedrohung von Leib und Leben der Menschen um uns herum sprechen muß. Die Kirchen suchen – besonders mit der hilfreichen Organisation der Telefonseelsorge – diesem Umstand Rechnung zu tragen. Diese Maßnahmen sind angesichts der Zahl der Hilflosen dennoch nur Tropfen auf heiße Steine.

In den Fachbereichen der Tiefenpsychologie hat man im allgemeinen für die Behebung eines solchen kollektiven Notstands wenig Verständnis. Klammerndes Hilfeheischen gilt in unserer Zunft meist als ein derart infantiles Verhalten, daß der Ansatz für eine analytische Psychotherapie – nämlich das In-Gang-Bringen einer mühsamen Eigeninitiative zur Selbstentfaltung – praktisch dadurch von vornherein als nicht gegeben gilt. Eine solche, sicher auch berechtigte, an der Erfahrung gewachsene Einstellung konnte man sich im Grunde wohl auch noch in einem Volk leisten, bei dem sich die Zahl der Seelisch-Kranken nachweislich auf einem einigermaßen gleichbleibenden, außerordentlich niedrigen Stand hielt. Aber diese Situation hat sich in den vergangenen Jahren sprunghaft geändert. Und für viele von der seelisch ungesunden Art unseres Lebens *schwer* Verwundete nützt der Appell an die Eigeninitiative gar nichts mehr. Er ist der Situation inadäquat. Viele Therapeuten verhalten sich heute so, als wenn ein Arzt auf die Nachricht, ein Halbbewußtloser liege am Straßenrand, antworten würde: Er möge aufstehen und zu ihm kommen – sonst könne er nichts für ihn tun.

Dieses gerade können viele seelisch Kranke heute nicht mehr – und ihre Probleme sind häufig subjektiv so schwer, daß sie erst einmal als die Nicht-Könnenden angenommen werden, und das heißt: in der Realität ihrer Not gesehen werden müssen. Erste Hilfe, erster direkter Rat bedeutet dann nicht Repression, ein Unmündigmachen, sie bedeutet Fremdhilfe zur Veränderung einer verzweifelten Lage, die die Voraussetzungen zur Lebensrettung enthält.

Aus diesem Nachdenken und diesem Geist heraus gebe ich in meinen Antwortbriefen – unbekümmert um das Wissen, damit in den Augen mancher meiner Fachkollegen ein Sakrileg zu begehen – direkte Ratschläge, wobei ich mir wohl der Gefahr bewußt bin, daß ich auf dem Boden der nur partiellen Kenntnis der Situation am Kern der Schwierigkeiten vorbeizielen könnte. Die ausschließlich positiven Rückmeldungen in großer Zahl haben mir freilich auch gezeigt, daß dieser Weg gangbar ist und verantwortet werden kann.

Ich gebe zu, daß ich unter der Last meines Postberges gelegentlich auch einmal seufze und daß mich manchmal – doppelt mit der Publikation dieses Bandes – die Furcht beschleicht, aus Überlastung in einen Status zu geraten, in dem es nicht mehr möglich ist, Antwortbriefe zu schreiben. Ich erhoffe mir deshalb von dieser Veröffentlichung, daß manch einer in den Briefen Anregung findet, daß er aus dem Einblick in die Briefe, aus der Erkenntnis, wie viele Menschen Probleme ähnlicher und banger Art haben, den Mut faßt, sich an eine regionale Hilfsorganisation zu wenden.

Ich gebe aber auch zu, daß ich die viele Zusatzarbeit des Briefebeantwortens generell mit einem oppositionellen Eifer auf mich genommen habe. Ich bin davon überzeugt, daß es keine echte Progression bedeutet, wenn wir die Einstellung haben, daß dem Menschen nur dann zu helfen sei, wenn er sich selber hilft. Ich glaube, daß darin in unserer Situation nicht nur eine Überforderung vieler Hilfloser steckt, sondern dahinter auch ganz generell ein anmaßendes, sich selbst überschätzendes Menschenbild. Wenn der sich frei fühlende Mensch wirklich meint, allein seines Glückes Schmied zu sein, verschätzt er sich in seiner Kleinheit, seiner Abhängigkeit und seiner Hilfsbedürftigkeit. Die modischen Rezepte zur Selbsterlösung und Selbstverwirklichung haben uns die Überheblichkeit und Gefährlichkeit solcher Konzepte nur allzu deutlich werden lassen. Ich meine, daß diese unsere Situation uns gerade zu einer neuen Bescheidenheit herausfordert, die dem anderen nicht hochmütig zuruft: „Hilf dir selbst, mir hat auch keiner geholfen!“, sondern die demütig bekennt: Ich bin bereit, die Übermacht schweren Schicksals und schwerer Seelennot als ein mir selbst jederzeit Zustoßbares bewußt zu sehen – deshalb stehen allein Furcht und Mitleiden mir im Anblick der Not meiner Mitmenschen zu. Ich bin bereit, den so Geschlagenen anzunehmen und, soweit das in meinen Kräften steht, zu helfen und mitzutragen. Wir können uns nicht jederzeit allein selbst helfen, sondern bleiben aufeinander angewiesen.

Meine Lebens- und Praxiserfahrung hat mich zu der Erkenntnis kommen lassen, daß diese Einstellung nicht nur der realen Situation des Menschen angemessen ist, sondern daß sie der Weg ist, um seine fundamentale Hilflosigkeit gegenüber der Allmacht des göttlichen Vaters zu bekennen in der Weise, wie es im Gleichnis vom verlorenen Sohn dargestellt ist. Die Einsicht in unsere Erlösungsbedürftigkeit erst bereitet uns vor zur Erlösungsmöglichkeit – ja erst ein solcher Weg zur Reife schenkt auch die Voraussetzungen zu einer Hilfe, die lediglich als ein Dienst, lediglich aus dem Geist der eigenen Hilflosigkeit und der Erfahrung des Angenommenwerdens durch Gott vollzogen wird.

Ich glaube, daß wir menschenwürdige Zukunft nur haben werden, wenn viele Menschen den Irrtum des Selbstmachenkönnens aufgeben und Bescheidenheit mutig als Fortschritt zur Menschlichkeit proklamieren; und ich bin auch der Meinung, daß wir eine solche Hoffnung nur nähren dürfen, wenn jeder einzelne, jeden Morgen neu bei sich selbst damit anfängt – und wenn die Türglocke noch so unbequem aus dem Schlaf reißt. Aber wir sollen eben nicht schlafen hier auf der Erde – im Gegenteil: zum Schlafen ist weniger denn je die Stunde ...

# SORGEN
# JUNGER MENSCHEN

# Minderwertigkeitsgefühle im Jugendalter

Liebe Frau Meves!

Ich habe lange darüber nachgedacht, ob ich Ihnen schreiben soll. Ich bin 15 Jahre alt, und mir spuken so viele Gedanken im Kopf herum, daß ich sie gern loswerden möchte. Ich bin zur Zeit in einem Tief. Ich habe eine Klassenarbeit wiederbekommen – es war die schlechteste Arbeit (eine Fünf). Das hat mich so deprimiert. Zu Hause gab es Krach, weil ich „meine Geschwister tyrannisiere" (wie mein Vater sagt). Zum Beispiel habe ich ein Spielzeug meines kleinen Bruders extra lange behalten, weil ich es angeblich anschauen wollte, während mein Bruder immer lauter rief: „Gib das her!" Dann hat mein Vater sich eingeschaltet, ich bin in mein Zimmer gerannt und habe geheult. Überhaupt heule ich in letzter Zeit ziemlich viel, wahrscheinlich aus Selbstmitleid. Ich bemitleide mich, daß ich mit keinen Gaben ausgestattet worden bin:

Ich bin dumm (siehe die Fünf); kann nicht eigenständig denken und nur das nachsagen, was andere mir vorsagen oder was ich auswendig gelernt habe; ich bin unansehnlich und dick; mit mir will keiner etwas zu tun haben; ich habe keinen Freund; meine Geschwister mögen mich nicht (was ich gut verstehen kann); außerdem habe ich dauernd feuchte Hände (oder meistens), was z. B. beim Tanzen ziemlich hinderlich ist. Ich habe vor einem Jahr einen Tanzkursus zusammen mit meiner Schwester gemacht. Sie hat sofort einen tollen Jungen gekriegt, während ich erst lange gesessen habe und dann einen ganz doofen Jungen, der gar nicht richtig Takt halten konnte, bekam. Neulich war ich auch auf einer Party. Niemand hat mit mir getanzt. Nur kurz hat sich jemand mit mir unterhalten, aber erst, als ich angefangen habe zu reden. Aber das ist immer so; ich werde gar nicht ernst genommen, es kümmert sich (fast) keiner um mich. Sehen Sie, ich muß schon wieder heulen. Wenn jemand anderes sieht, daß ich weine, schäme ich mich immer so. Hier in meinem Zimmer freue ich mich sogar ein bißchen, daß ich weinen darf und daß alles herauskommt. Je länger ich darüber nachdenke, wird mir klar, daß ich ein Nichts bin, ein Nichts, das man gar nicht gern haben *kann*. Meine Verwandten sagen, daß sie mich gern haben, meine Freundin sagt es mir, aber das ist einfach nicht wahr. Und ich werde auch nie von einem Mann geliebt werden. Das kann einfach nicht wahr sein. Das geht gar nicht. Manchmal denke ich, daß Gott mir doch eigentlich helfen könnte, denn er hat mich schließlich auf die Welt geschickt. Hätte er das bloß nicht getan! Es hätte eine Reihe von Menschen ein einfacheres Leben. Alle, die sagen, sie hätten mich gern, sehen nur mein Sonntagsgesicht und -verhalten. Wenn sie aber sehen würden, wie ich richtig bin, hätten sie sich längst von mir abgewandt. Ich werde von vielen Leuten eingeladen, in den Ferien bei ihnen zu sein, eben aufgrund meines „Sonntagsverhaltens“. Ich kann mich einigermaßen gut benehmen, kann zuhören, wenn etwas erzählt wird, gebe den Leuten recht und sage, was sie hören wollen, ich mache keine Schwierigkeiten (jedenfalls bemühe ich mich darum) und kann freundlich sein – und so was zieht die Leute ja unwahrscheinlich an (natürlich die Älteren, die von der Jugend von heute ein anderes Verhalten gewöhnt sind). Wissen Sie, aber eigentlich weiß ich gar nicht, wie ich wirklich bin. Ich weiß nur, daß ich dumm bin. Ich sage manchmal etwas, was für die anderen völlig unverständlich bleibt, weil das, was ich sage, so verworren ist und gar keinen Sinn hat. Ich glaube, daß Sie mich auch nur schwer verstehen können, wenn ich dies alles erzähle. Aber es ist ja meine Schuld. Ich schreie nach Verständnis und übersehe dabei ganz, daß man mich gar nicht verstehen *kann*, weil ich mich eben so superdämlich ausdrücke. Sicher verstehen Sie von diesem Brief nur ganz wenig, aber ich danke Ihnen, daß Sie ihn gelesen haben. Hier können

Sie wirklich sehen, daß es mit mir keinen Zweck hat. Es lohnt sich gar nicht, wenn Sie mir wiederschreiben. So, ich will den Brief schnell abschicken, ehe es mir leid tut.

Herzliche Grüße, *Ihre Annkatrin W.*

Liebe Annkatrin,

das ist wirklich ein trauriges Bild, das mir da ein fünfzehnjähriges Mädchen von sich malt: dumm ist die, dick, kontaktschwach, eine Heulsuse, eine, die ihre armen, kleinen Geschwister ärgert, eine, die überhaupt keine Gaben mitbekommen hat und deswegen mit Gott hadert.

Ich glaube nicht, daß das die ganze Wirklichkeit der fünfzehnjährigen Annkatrin ist. Ich glaube, daß Sie sich so keineswegs gerecht werden. Ja ich vermute, daß Sie sich fast ein wenig mit Lust viel schlechter machen als Sie sind. Woraus ich das schließe?

1. Sie erzählen, daß Sie viele, viele Einladungen bekommen, von Verwandten, immer wieder. Man lädt keine Jugendliche immer wieder ein, mit der man keine erfreulichen Erfahrungen gemacht hat! Ihr „Sonntagsgesicht" hat anscheinend doch etwas mit der freundlichen, liebenswerten Annkatrin zu tun. Die will das bloß nicht wahrhaben!

Als zweites: Diese Annkatrin wird zwar von niemandem verstanden, aber sie hat immerhin offenbar eine feste Freundin. Ich bitte Sie – ist das denn nichts? Viele Menschen werden Sie darum beneiden, und es ist ein Zeichen dafür, daß Sie kommunikationsfähig sind. Zu diesem Punkt möchte ich zudem noch weiter sagen: Es ist eine ganz natürliche, intelligente Erfahrung, in Ihrem Alter festzustellen, daß niemand einen versteht. Das ist ganz richtig! Wenn man nämlich zu mehr Bewußtsein erwacht, merkt man, daß keiner absolut in einen hineinschaut, wie man das doch früher zumindest von Mutter annahm. Man kann – selbst wenn man ein Wortgewaltiger ist – gar nicht alles mit Worten ausdrücken, was man empfindet; ja mehr noch: Im Grunde versteht man sich keineswegs so mir nichts dir nichts wirklich selbst: Irgendwo in der Tiefe unseres Herzens bleiben wir uns sogar selbst immer ein Geheimnis. Wie wollen wir aber von der Umwelt erwarten, daß sie das schafft? Ein großer Liebender schafft das manchmal blitzartig, nur augenblicksweise; aber das gehört dann auch zu den ganz seltenen Sternstunden unseres Lebens. Im Grunde erwarten Sie nun freilich gerade *dies,* Annkatrin, und das dürfen Sie auch. Sie sollten es nur nicht von jedem x-beliebigen Menschen ihrer Umwelt erwarten. Sie brauchen dazu noch ein geduldiges Auf-die-Suche-Gehen nach diesem *einen* Menschen.

Aber das ist es wohl in der Tat, was Sie so deprimiert: Sie halten es für ganz und gar ausgeschlossen, daß ein Mensch, ein Mann Sie eines Tages lieben könnte, denn Sie sind ja dick und doof. Liebe Annkatrin: Wenn man solche Gedanken züchtet, ist das ganz ähnlich, als wenn eine hübsche junge Blume jeden Morgen neu mit einer Fuhre Dreck beworfen wird. Davon muß die ja ganz unansehnlich werden, dann kann ja schließlich keiner mehr mit Freude entdecken, wie hübsch die Blume da im Verborgenen blüht. Selbstverachtung macht unansehnlich, Selbstverachtung ist auch wirklich keine Tugend, sie ist geradezu ein kleines Stück Sünde. Gott gab Ihnen keine Gaben, sagen Sie. Wirklich? Meinen Sie, daß jung sein keine wunderbare Gabe ist? Meinen Sie, daß gesund sein, Geschwister haben und offenbar auch Eltern, die sich kümmern, ein gesundes Hirn, das es ermöglicht, lernfähig zu sein, keine Gaben sind? Stellen Sie sich doch bitte einmal mit einiger Phantasieausmalung vor, Sie hätten dies alles nicht! Dann erst können Sie ermessen, wie groß eigentlich Ihre Dankbarkeit sein müßte im Hinblick auf all die vielen Gaben, mit denen Ihr Leben bereits bei Ihrer Geburt aus- und vorgezeichnet war. Ich kenne Sie nicht – wenn ich Sie kennte, ich bin überzeugt, ich könnte Ihnen noch mehr Gaben deutlich machen, die Sie als gewichtige positive Gegebenheit aus Ihrem Leben geradezu füßestampfend zu verdrängen suchen.

Warum die Schwarzmalerei? Es steht in Ihrem Brief deutlich geschrieben: Sie haben als einzige in Ihrer Klasse in einer Arbeit eine Fünf geschrieben. Das haben Sie als Beweis genommen, daß Sie dumm sind.

Kann ja sein – ich kann Ihnen das ohne eine Intelligenzuntersuchung weder bestätigen noch widerlegen.

Einiges spricht freilich dagegen: Sie haben – wie Ihr Brief zeigt – eine äußerst starke Selbstkritik, und die steht mit Intelligenz in enger Beziehung. Der Schwachsinnige glaubt unbelehrbar, daß er alles kann, selbst wenn er versagt. Die Wahrscheinlichkeit ist groß, daß Sie nicht versagt haben, weil Sie dumm sind, sondern weil Sie entweder nicht aufgepaßt haben oder sich nicht angemessen vorbereitet haben. Das hat nun freilich auch etwas mit Intelligenz – nämlich mit Einsichts- und Planungsmöglichkeit – zu tun; aber eine solche Fähigkeit ist rasch durch Mutlosigkeit unterminierbar. Selbstverachtung und Minderwertigkeitsgefühle steigern Gefühle von Mutlosigkeit und lähmen die Arbeitsfähigkeit. Die Wahrscheinlichkeit ist groß, daß Ihnen Ihre unberechtigte Selbstverachtung gefährlich wird. Die scheint mir aber vor allem auf einem falschen konformistischen Bewertungssystem zu beruhen: Sie taugen nichts, eben weil Sie dick und doof seien. Angenommen, Sie hätten mit dieser Ihrer Selbstdarstellung wirklich recht: Glauben Sie, daß ein Mensch wertlos ist, weil er dick und dumm ist? Wirklich? Haben Sie noch nicht gemerkt, daß Ihnen Ihre Umwelt damit einen Bären aufbindet? Ihre Dummheit lesen Sie von einer Zensur ab, der Zensur Fünf = mangelhaft.

1. Ich kenne viele *kluge, echt intelligente* Menschen, die ihre jeweiligen Klassenziele nicht erreichten, weil sich zu viele solcher Zensuren bei ihnen ansammelten.

2. Ich kenne viele Menschen, die alle Klassenziele mit Einsen und Zweien schafften, die sogar Karriere machten und es zu „etwas brachten" und die dennoch charakterlich so verkamen, daß man über so viel Schlechtigkeit nur staunen kann.

Lassen Sie sich bitte erzählen, Annkatrin: Der Mensch wird keineswegs automatisch damit etwas wert, daß er Einsen und Zweien schreibt! Der sog. „Dumme“ kann viel, der sog. „Kluge“ kann gar nichts wert sein.

Wie können Sie es wagen, aufgrund eines solchen Bewertungssystems eine Verurteilung über einen lebendigen Menschen, in diesem Fall über sich selbst, zu vollziehen? Damit machen Sie sich doch mit diesem Bewertungssystem gemein!

3. Sie taugen nichts, weil Sie dick sind, geben Sie mir zu verstehen. Sie haben mit dieser Ihrer Figur keinen Erfolg beim anderen Geschlecht. Leider schreiben Sie mir nicht, *wie* dick Sie sind. Selten gibt es das ja einmal bei jungen Mädchen, daß sie aufgrund einer endokrinen Störung oder aufgrund einer Fehlsteuerung im Eßverhalten übergewichtig sind. Dagegen gibt es aber Abhilfe – schreiben Sie mir, wenn es sich so verhält.

Ich mache nun aber bei vielen jungen Mädchen, die ein völlig normales durchschnittliches Körpergewicht haben, die Erfahrung, daß sie sich als viel zu dick *erleben*. Warum? Weil die Mode es ihnen vorschreibt, dürr zu sein, weil man als besonders ansehnlich und chic gilt, wenn man in die Jeans mit Hosenbund 34 oder 36 hineinpaßt. Dazu muß man dann aber permanent hungern. Und der Hunger schadet gerade jungen Mädchen schwer; denn durch das Untergewicht versiegt auch die Fortpflanzungsfähigkeit. Das bedeutet für eine Frau aber eine echte, objektive Wertminderung. Hören Sie, Annkatrin: Um einer kollektiven perversen Fehlbewertung zu entsprechen, muß die angepaßte junge Frau ihren *echten* Wert mindern! Begreifen Sie diesen Wahnsinn? Sind Sie nicht ein bißchen stolz darauf, daß Sie bisher noch nicht so unnatürlich, so konformistisch, so mitläuferisch waren, daß Sie diesen Unsinn mitgemacht haben? Der Mensch wird nicht dadurch ein wertvoller Mensch, daß er sich an Negatives, Schädliches, Zerstörerisches anpaßt. Wer nur hurra schreit, weil die anderen hurra schreien, zeigt damit allenfalls die Merkmale eines Herdentiers, aber noch nicht die eines Menschen. Menschlich sein beginnt erst mit selbstverantwortlicher Entscheidungsfähigkeit. Nun – Sie sind angeblich zu dick und haben deswegen nur einen *doofen* Jungen gefunden. Sie wollen natürlich keinen doofen, sondern einen angesehenen. Aber auch hier möchte ich Sie nachdenklich machen: Woraus haben Sie geschlossen, daß der Junge doof war? Weil er vielleicht äußerlich nicht so ansprechend war? Weil er vielleicht unmodischer als die anderen gekleidet war? Weil er nicht gewandt war im Auftreten? Vielleicht ist er, wenn ihm alle diese Eigenschaften abgingen, besonders wertvoll? In den Märchen wird das häufig so wunderbar dargestellt: Der *echte* Prinz ist auf Anhieb oft gar nicht erkennbar, ja manchmal erweist sich der von der Umwelt verlachte Tölpel als der besonders Begabte, als der, der schier unlösbare Aufgaben dennoch löst. Die echten Prinzen finden sich auch heute oft tief versteckt unter den modischen Bewertungsskalen! Liebe Annkatrin, Sie sehen, im Grunde besteht kein Anlaß zum Verzweifeln. Es ist eine so lohnende Aufgabe, mitten in unserer Massengesellschaft, die in den Gruppenzwang nötigen will, in fröhlichem Selbstbewußtsein den Kopf hoch zu halten und sich dem Auftrag zu stellen, die große wunderbare Hauptgabe zu verwirklichen: ein Mensch, ein liebender, hilfreicher, freundlicher und d. h. ein wertvoller Mensch zu werden und zu sein. Klugheit und Magerkeit sind dazu nicht die Voraussetzungen. Zu viel Anpassung an diese Fehlwertung nötigt in unrealistische Minderwertigkeitskomplexe hinein – und züchtet man sie gar, dann ist man verloren.

Sie deuten in Ihrem Brief an, daß Sie an Gott glauben. Halten Sie sich daran fest – Gott, weil er uns liebt, beschenkt uns mit der Gabe zu lieben. Es gibt so, so viele Möglichkeiten zu lieben. Und wer liebt, ist wert. Versuchen Sie es einmal damit. Sie werden bald spüren, wie glücklich Sie werden, wenn Sie das Lieben zum Ziel Ihres Lebens machen.

Mit vielen Grüßen, *Ihre C. M.*

## Um geistige Manipulation

Sehr verehrte Frau Meves!

Zuerst möchte ich Ihnen einige Angaben zu meiner Person und zu meinem Anliegen machen, bevor ich mit der eigentlichen Frage komme:

Ich heiße Manuela W., bin sechzehn Jahre alt, besuche ein Gymnasium und bin von Ihrem Buch „Ich will leben" angeregt worden, Ihnen zu schreiben. Ich möchte Ihnen gern folgende Erlebnisse mitteilen: Im März war ich mit der Klasse im Skiurlaub – mit einem unmöglichen Klassenlehrer! Er bildet sich ein, etwas von Psychologie zu verstehen und ein guter Kumpel zu sein, aber in Wirklichkeit ist er eine ganz schwache Persönlichkeit und macht menschlich viel kaputt. Es ging im Zug an: Er ist ein Typ, der immer Probleme sucht und Probleme wälzt, und so wollte er auch mich „analysieren" und „auseinandernehmen". Er versuchte, mir meine „Rolle" zu erklären, die ich angeblich in der Klasse spiele. Dazu muß ich erläuternd sagen, daß ich seit der 5. Klasse sehr gute Zeugnisse habe, aber selten mit im Strom schwimme. Jedenfalls hat er mich bei dieser Freizeit dann keinen Tag lang mehr in Ruhe gelassen. Immer kam er und sagte, mit mir könnte er reden, ich sei „etwas anderes, etwas Besonderes, eine Ausnahme, etwas ganz Außergewöhnliches ..." (das alles muß für Sie sehr komisch klingen, aber ich komme bald zur Sache). Plötzlich war es dann so, daß er sich von mir total verunsichert fühlte. Er muß eine wahnsinnige Achtung vor mir haben und versucht mir oft zu imponieren. Es kam zu den merkwürdigsten Gesprächen, und wenn er am Erzählen war und mich irgendwo sah, brach er den Satz mittendrin ab und erklärte mir später, er hätte Angst vor meiner Kritik gehabt.

Verstehen Sie das bitte nicht so, als ob ich mich hier groß herausputzen will, aber diese Begegnung in dieser Freizeit hat ein bestimmtes Gefühl in mir geweckt, das ich Ihnen jetzt erklären möchte: „Das ist ein ausgewachsener, eigentlich fremder Mensch, der dich voll ernst nimmt, den du sogar ein bißchen in der Hand hast!"

Das war eine interessante Erfahrung – nicht wegen dieses Mannes (denn er ist ein unangenehmer Mensch); aber ich bin dadurch zum Nachdenken gekommen über mich als „Persönlichkeit", als ein „individuelles Wesen". Es war eine aufregende Erfahrung, aber auch sehr beunruhigend. Die nächtelangen Gespräche haben mich oft fertiggemacht, und ich habe angefangen zu weinen aus Verzweiflung, weil ich zwischen zwei Welten hin und her gerissen war und nicht wußte, wo mir der Kopf stand.

In diese Phase hinein kam aber eine neue Schwierigkeit. Wir hatten in Sozialkunde eine Unterrichtseinheit über Gruppennormen: wie sich ein einzelner in einer Gruppe verhält und wie er sich bald anpaßt. Wir haben da ganz theoretisch über Versuche und ihre Ergebnisse gesprochen, die alle zum Schluß besagten: Man wird manipuliert und läßt sich manipulieren! Man paßt sich einer Norm an! Das alles wurde so negativ hingestellt, daß sich ein denkender Mensch sagen mußte: „Setz dich doch zur Wehr! Paß dich nicht an! Geh deinen eigenen Weg." Theoretisch klingt das prima, aber es geht doch praktisch gar nicht. Ich brauche doch irgendwo einen Halt. Irgendwoher muß ich doch Anregungen nehmen – von nichts kommt nichts! Was ist denn eine wirklich individuelle Entscheidung? Von irgend jemand oder irgend etwas ist selbstverständlich auch sie geprägt. Ich habe mich damit so lange beschäftigt, daß ich jetzt ein Gefühl der totalen Leere habe – schwerelos, ständig im Fallen – in einem leeren Raum in der Materie! Es ist ein beunruhigendes Gefühl. Ich muß irgendwo wieder Boden unter die Füße bekommen. Es ist auch nicht so, daß ich mich wegen dieser „Theorie der Manipulation" gegen Ratschläge wehre (sonst würde ich ja auch gar nicht schreiben), aber das Problem für mich ist: Was nehme ich jetzt an? Von wem lasse ich mir helfen, von wem nehme ich Anregungen an, und an wen passe ich mich an? Ich weiß, daß es kein objektives „Richtig“ oder „Falsch“ gibt, aber zur Zeit fehlt mir eben auch mein eigenes Gefühl für „Richtig“ und „Falsch“, das ich früher durchaus hatte. Durch die Gespräche mit dem Lehrer während des Skiurlaubs ist mir das nur noch mehr abhanden gekommen.

Ich hoffe, Sie verstehen, was ich sagen bzw. erfragen möchte. Ich glaube, ich fange ganz neu an, wenn ich jetzt nach dieser totalen geistigen Leere wieder Normen für mein Denken und Fühlen aufnehme. Aber genau diese Chance des neuen Anfangs möchte ich nicht vergeben. Ich will sie nutzen und soviel wie möglich daraus machen. Am liebsten würde ich mich zurückziehen, mich über alles mögliche informieren und mir zu wichtigen Fragen eine Meinung bilden. Aber ich kann mich ja nicht zurückziehen. Ich muß während dieser Phase trotzdem Entscheidungen treffen und danach dazu stehen, auch wenn ich meine, in dem Moment überfordert zu sein.

Ich hoffe, daß Ihnen mein Brief nicht unangenehm ist, und warte gespannt auf Ihre Antwort.

Mit ganz herzlichen Grüßen, *Ihre Manuela W.*

Liebe Manuela W.!

Es war mir eine große Freude, Ihren Brief mit den nachdenklichen Fragen zu lesen. Und ich finde es gut, daß Sie mit einer inneren Beunruhigung die Erfahrung gemacht haben: Es kann nicht der Weisheit letzter Schluß sein, sich einfach nur an (manipulierte) Gruppenmoden anzupassen. Man muß einen anderen Maßstab suchen – seinen eigenen. Das ist sehr richtig und ein unabdingbar wichtiger Entwicklungsschritt, wenn man geistig mündig werden will. Es ist auch gar nicht so schwer, zu solcher Orientierung zu kommen, wenn man nicht – wie man es offenbar mit Ihnen gemacht hat – in eine

Sackgasse geführt wird. Sie schreiben gewissermaßen als Resümee Ihres Lernens durch Klassenlehrer und Sozialunterricht: „Ich weiß, daß es kein objektives ‚Richtig' oder ‚Falsch' gibt." Diese Vorstellung, daß alles *nur* subjektiv ist, daß es in dieser Welt lediglich Relation und Relativierbares gibt, ist eine philosophische Theorie, die im zwanzigsten Jahrhundert zur Mode geworden ist. Den Beweis ihrer Richtigkeit hat sie noch nicht erbracht; statt dessen hat sie aber bei zahllosen jungen Menschen, die nachdenklich sind, genau das bewirkt, was Ihnen geschah: sich als leer, wie im „Fallen im leeren Raum" zu fühlen. Und das spüren Sie sehr zu Recht als beunruhigend. Denn in dieser Orientierungslosigkeit ist in der Tat eine Gefahr enthalten: Man hat keine Richtschnur, es fehlt der Kompaß, der Leuchtturm in der Ferne, man fürchtet an diesen „leeren Raum" schutz- und ziellos ausgeliefert zu werden.

Deshalb möchte ich Ihnen noch einmal sagen: Die Theorie von der Relativierbarkeit aller Werte ist eine Theorie – mehr nicht. Sie ist in Mode – aber ihr Stern ist bereits im Sinken begriffen, weil sie niemandem hilft, sondern vielen und gerade den jungen Menschen schadet. Sie ist eine Verallgemeinerung von Einzelbeobachtungen, die im Grund gar nicht stimmt. Zwar haben die vielen Völker zu verschiedenen Zeiten verschiedene Wertmaßstäbe, deren Variationen etwas mit der spezifischen Umweltsituation zu tun haben, aber andererseits läßt sich in all diesen Moralen, Spielregeln und Normen doch so etwas wie eine einheitliche Ethik, wie eine Grundsubstanz von Richtig und Falsch erkennen.

In allen Kulturen gilt es als falsch, als böse, den Stammeszugehörigen zu töten. In allen Kulturen wird – häufig per Gesetz – dafür gesorgt, daß die Menschen einer Gemeinschaft sich nicht gegenseitig schädigen, quälen, berauben, übervorteilen oder etwas tun, was die Überlebenschancen mindert. In allen noch so primitiven Kulturen gibt es Religion, gibt es das Bedürfnis der Menschen zu glauben, gibt es Riten, Bräuche und Feste, durch die es den Menschen ermöglicht wird, sein Leben in den Dienst der Gottheit zu stellen und damit gleichzeitig die hemmungslose Ausweitung seiner triebhaften Selbstsucht einzuschränken.

Gerade unsere heutigen Völkerkundler, die umherreisen, gerade die von den Amerikanern begründete Soziobiologie ist dabei, die Lehre von den Relationen schrankenloser Umwelteinflüsse als Unfug zu entlarven. Entscheidungen für das Richtige gegen das Falsche werden sehr viel leichter, wenn wir uns daran halten, daß die Schöpfung konstruktive Gestalt ist, daß infolgedessen alles, was wir Aufbauendes tun, Aufbauendes in Mitmenschlichkeit, Aufbauendes durch Entwicklung und Ausbau unserer Gaben und Begabungen richtig ist, daß alles Destruktive oder zur Destruktion Verleitende falsch ist. Sein Leben als einen konstruktiven Beitrag, einen Dienst an der Schöpfung zu verstehen, ist ein Maßstab, der Orientierung gibt und verhindern kann, daß Sie ins Leere fallen. Wenn man so lebt, bekommt man in Hülle und Fülle zu tun und wird immer fröhlicher dabei.

Der Glaube an das Relative ist eine geistige Krankheit unserer Zeit gewesen. Wir sind aber im Begriff, sie zu überwinden. Wenn mehr Menschen daran mithelfen, wird es schneller gehen! Helfen Sie mit, indem Sie sich in all Ihrer nachdenklichen Individualität erlauben, an das „Absolute“, an den höchsten Wert, an Gott zu glauben!

*Ihre C. M.*

## Um die Beziehung einer Jugendlichen zu ihrem Vater

Liebe Frau Meves,

das gestörte Verhältnis zu meinem Vater bedrückt mich sehr. Auswirkung davon ist Angst, gestörtes Verhalten zur Umwelt, Nägelkauen, Nervosität, Unsicherheit.

Zwischen meinem Vater und mir besteht keine Verbindung. Wir reden nicht miteinander, d. h., wir sprechen nicht über Probleme. Ich habe mich inzwischen so weit von meinem Vater entfernt, daß ich ihn in keiner Weise mehr verstehe. Das führt immer öfter zu Auseinandersetzungen und Streit. Meine Mutter bildet teilweise eine Brücke zu meinem Vater, die aber keineswegs funktioniert. Von meinem Vater zu mir und umgekehrt besteht kein Vertrauensverhältnis. Dieses gegenseitige Mißtrauen hat sich bestimmt nicht nur von *einer* Person aus entwickelt, ein Beispiel: Es ist die Art, wie mein Vater etwas verlangt. Er spricht *nur* Empfehlungen aus, meint aber Befehle. Dieser Zwiespalt hat unter anderem eine große seelische Bedrückung hervorgerufen.

Weiterhin bin ich oftmals verunsichert, weil ich nicht weiß, was ich will und andererseits manchmal so einen Dickkopf habe, daß ich vieles aus emotionalen Gründen tue, die andere wiederum nicht verstehen. Wahrscheinlich habe ich das von meinem Vater geerbt.

Ich kann meine Probleme nicht alleine lösen. Teilweise habe ich das an Hand der Bibel versucht. Das habe ich leider auch nicht geschafft. Ich bitte Sie, mir zu helfen.

P. S. Versuche, mit meinem Vater zu reden, sind bisher immer gescheitert, obgleich er zu anderen Leuten überredend und sehr unterhaltend sein kann. Liegt das an mir?

*Ihre Sabine S.*

Liebe Sabine S.!

Sie haben mir einen kummervollen Brief geschrieben, weil Sie sich so gern mit Ihrem Vater verstehen möchten. Das ist eine Klage, die sehr verständlich ist. Gerade wenn man ein wenig älter ist, möchte man eine gute Beziehung zu dem „Oberhaupt“ der Familie haben. Man wünscht sich gute Gespräche und eine Möglichkeit der seelischen Übereinstimmung. Ich kenne viele Mädchen und Jungen, die ähnliche, nicht immer erfüllbare Sehnsüchte haben. Das ist der Fall, wenn die Väter es einfach nicht schaffen, mit ihren Kindern umzugehen wie mit anderen Menschen im Betrieb oder in der Freizeit auch. Manche Väter haben das Miteinandersprechen nicht gelernt, andere halten es für unter ihrer Würde – miteinander sprechen ist „Weiberkram“, viele haben an ihren eigenen Vätern die Erfahrung gemacht, daß ein Vater mit seinem Kind umzugehen hat wie ein Feldwebel mit einem untergebenen Soldaten – und haben das nun einfach, ohne nachzudenken, als richtig übernommen.

Dennoch meine ich, daß es wichtig ist, als Jugendlicher nicht die Flinte ins Korn zu werfen. Man sollte nicht aufgeben, nicht den Vater gleich in die Kiste „Unverbesserlich“ packen und die zuknallen. Viele Väter müssen aus den eben dargelegten Gründen erst lernen, mit den eigenen Kindern Kontakt zu haben, und das muß man eben versuchen, wenn es auch mühsam ist. Denn häufig kommt ja der Kontakt nicht nur dadurch nicht zustande, weil der Vater allein patzig ist. Auch die Kinder lassen ihre Väter das Kopfschütteln, Sichzurückziehen, Schulterzucken, das abfällige Schweigen und Anmotzen so sehr spüren, daß die Väter gar keine Zeit zum Kontaktlernen bekommen! Sie geraten fortgesetzt in die Schwierigkeit, sich verteidigen zu müssen – und so reiht sich eben Krach an Krach. Wenn man seinen Vater nicht zum Sündenbock machen will, wenn man vielmehr ernsthaft Sehnsucht nach Kontakt mit ihm hat, dann muß man ihm als erstes einmal sein bisheriges Verhalten nicht mehr übelnehmen. Dann muß man ganz von vorn anfangen, am besten, indem man auch noch versteht, daß die alte Masche nicht böser Wille war, sondern nach einem eingebahnten Verhaltensschema ablief. Man kann auch Väter besser verstehen lernen, wenn man sich z. B. einmal erzählen läßt, wie ihre Erziehung aussah! Die erste Voraussetzung ist also, daß man einen echten, fairen Einstieg sucht. Vorwürfe, Ablehnung, beißende Kritik, eisiges Schweigen sind das nicht – sie pflegen jede Beziehung regelmäßig zu verhindern. Wenn etwas besser werden soll, muß man grundsätzlich bei sich selbst und nicht bei den anderen anfangen. Man kann auch manchmal mit einem ganz direkten Wort einsteigen: „Vater, ich möchte so gern eine gute Beziehung zu dir haben; ich habe den täglichen Krach so satt. Bitte, hilf mir! Sag mir, was ich falsch mache, was dich an mir stört. Wenn du es mir nett sagst, verspreche ich, nicht beleidigt zu sein, und bitte, laß uns doch öfter mal ein wenig zusammen sprechen. Ich möchte dich so vieles fragen. Ich möchte auch gern mal mit dir allein etwas unternehmen. Ich bin ja bestimmt nicht mehr allzu lang bei euch, ich möchte so gern eine gute Erinnerung und Beziehung zu meinem Vater mit in mein eigenes Leben hinausnehmen!"

Bei solchen Versuchen kommt es immer darauf an, daß man es ernst meint und alle Worte so vorbringt, daß sich der andere nicht *miß*achtet, sondern *ge*achtet fühlt. Ich habe schon oft erlebt, daß Väter (aber auch Mütter) solche Gespräche ihrer Kinder wie eine Erlösung erlebten, wie einen Ausweg aus einem bösen Bann und es wirklich zu einem fairen Bemühen umeinander kam. Dazu gehört auch zu begreifen, daß es schwer ist, tagaus, tagein ein Geschäft zu leiten, beherrscht sein zu müssen im Umgang mit Kunden und Mitarbeitern. Dazu gehört die Einsicht, daß Väter müde nach Hause kommen und dringend erst Entspannung brauchen. Wenn dann keiner Rücksicht nimmt, wenn zu Hause auch gleich alle etwas wollen und fordern, fährt ein müder Mann leichter aus der Haut und benimmt sich ungerecht. Wer Mitleid mit dem harten Arbeitstag des Vaters hat, kann ihm auch leichter einmal etwas zuliebe tun, wenn er heimkommt, und so Freude auslösen, die dann doch meist gute Früchte trägt.

Und noch eins, liebe Sabine: Man sollte sich hüten, einen Menschen in seiner Umwelt in die Sündenbockrolle zu drängen. Er mag noch so viel „gesündigt" haben – es bringt überhaupt nicht weiter, wenn man sich so verhält.

Wenn's gar nicht mit Vater gehen will, sagen Sie sich, daß Sie ihm bald entwachsen werden, wenn Sie auf Ihr selbständiges Leben zugehen, daß seine Laune *sein* und nicht Ihr Problem ist; richten Sie Ihren Sinn darauf, es besser zu machen und sich eine gute Zukunft aufzubauen. Schauen Sie nicht zurück, schauen Sie vorwärts – und verstecken Sie diese so glücklich machende Möglichkeit nicht hinter der Vorstellung: Weil Vater so viel geschimpft hat, bin ich voller Angst, kau' ich nun an den Fingernägeln und werde es zu gar nichts bringen! Das stimmt nur, wenn Sie so etwas glauben! Zwar ist es wohl möglich, daß Väter ihren Kindern Angst einflößen, wenn zu viele Befehle erteilt werden und überfordert wird, so daß sie ihre Wut durch Beißen an den Nägeln abreagieren. Aber das gilt nur als Entschuldigung, solange man klein ist. Erwachsen sein heißt: nun die Verantwortung selbst übernehmen. Der Erwachsene kann neue Wege gehen, wie ich sie eben wies, der Erwachsene kann sich sachlich zur Wehr setzen, wenn ihm Unrecht geschieht, der Erwachsene kann gegen seine Ängstlichkeit kämpfen, wenn er erst einmal erfaßt hat, daß die Übung den Meister macht – auch bei der Überwindung von Ängsten! Es hat deshalb auch keinen Sinn, noch weiter auf den Fingernägeln herumzubeißen, sie Vater täglich einmal hinzuhalten und anklagend zu sagen: Schau, daran bist du schuld! Nein, wenn man 16 Jahre alt ist, muß man das, was einem nicht paßt, bekämpfen. Das kann man,

1. indem man eine gute Beziehung zum Vater aufzubauen versucht oder sich eine befreite Einstellung von ihm erarbeitet,

2. indem man das Übel direkt angeht. Wenn das Beißen an den Nägeln zur Gewohnheit geworden ist, ist es schwer, es sich abzugewöhnen. Man muß sich als erstes sagen, daß die Hand viel hübscher aussieht, wenn die Fingernägel dran sind. Als zweites: Man muß eine *sehr* gute Nagelfeile *ständig*

bei sich haben. Wenn man beißen möchte, weil man eine unebene Stelle fühlt, nimmt man die Feile und poliert sie glatt. Gleichzeitig sollte man etwas zum Kauen in den Mund stekken. Solche kleinen direkten Hilfen sind nötig; aber am wichtigsten ist, daß man seine Einstellung ändert. Versuchen Sie es einmal – es macht so viel Freude, an sich selbst zu arbeiten!

*Ihre C. M.*

## Um die Angst, ungeliebt zu bleiben

Liebe Frau Meves!

Sie bekommen bestimmt sehr viele Briefe mit viel wichtigeren Problemen, als ich sie habe, aber ich muß Ihnen einfach schreiben.

Es geht darum, daß ich jetzt schon sechzehn Jahre alt bin und noch nie einen Freund hatte. Ich habe (das ist das Allerschlimmste) noch nie einen Jungen geküßt. Dabei bin ich doch schon sechzehn! Alle meine Freundinnen hatten einen Freund, und geküßt haben sie auch. Nur ich nicht. Andauernd muß ich daran denken, es läßt mir einfach keine Ruhe mehr. Ich bin nicht sonderlich hübsch, aber auch nicht häßlich, daran kann es eigentlich nicht liegen. Es ist auch nicht so, daß ich noch nie verliebt war; schon zweimal glaubte ich das zu sein. Aber seltsamerweise immer nur dann, wenn der Junge für mich unerreichbar war. Sobald er auch mit mir gehen wollte, fand ich ihn nicht mehr gut. Das ist mir jetzt zum drittenmal passiert. Bin ich überhaupt noch normal? Es kann natürlich auch an meiner Erziehung liegen. Ich wünschte, ich wäre so wie meine Freundin und überhaupt so wie alle, die es fertigbringen, einen Freund zu haben. Manchmal denke ich: Jetzt gehe ich einfach mit einem – egal mit wem. Aber das bringe ich nicht fertig. Denn man muß doch seinen Freund lieben, finde ich. Ich wünschte, mir würde einer begegnen, den ich lieben könnte – aber mir passiert so etwas nicht. Bei jedem Jungen hielt mich etwas zurück. Ist das bei anderen auch so? Meine Freundinnen kann ich nicht fragen, denn ich sagte zu ihnen, daß ich einen Freund hätte. Bin ich irgendwie nicht normal? Oder bilde ich mir das nur ein?

Es wäre so schön, wenn Sie mir helfen würden.

*Ihre Bettina G.*

Liebe Bettina,

denken Sie nur: Ihre Frage „Bin ich irgendwie nicht normal?" ist die allerhäufigste, die junge Menschen in Ihrem Alter stellen. *So* normal sind Sie also!

Sie schrieben mir auch ehrlich, daß Sie zu Ihren Klassenkameraden sagten, Sie hätten einen Freund, obgleich das nicht der Fall ist. Sind Sie wohl schon einmal auf die Idee gekommen, daß viele Mädchen das genauso machen wie Sie? Kürzlich hat einmal eine tüchtige Martina herausgefunden, daß alle Mädchen ihrer Klasse sich gegenseitig erzählten, sie nähmen die Pille und schliefen mit ihrem Freund, und in Wahrheit waren es, wie sich nachher herausstellte, nur zwei von fünfundzwanzig; alle anderen hatten sich gegenseitig etwas vorgeflunkert!

Bitte, liebe Bettina, denken Sie einmal mit mir darüber nach, warum das heute wohl so ist! Ich will es Ihnen verraten: Weil es eine öffentliche Meinung gibt, die es Ihnen und Ihresgleichen aufnötigen will: Mit vierzehn hast du einen Freund zu haben, mit sechzehn mußt du geküßt und spätestens mit achtzehn Geschlechtsverkehr gehabt haben. Glücklicherweise gibt es heute noch eine Menge Jugendlicher, die skeptisch werden und merken, daß man sie in dieser Beziehung in einen neuen Zwang nötigen will, daß hier eine Vorschrift gemacht wird, die eine ganz häßliche Nötigung darstellt. Warum sollte man nicht normal sein, wenn man mit sechzehn noch keinen Freund gehabt hat? Was hat es denn für einen Sinn, jeden x-beliebigen Jungen zu küssen? Sie haben ganz recht: wenn man liebt, muß man von ganzem Herzen lieben; der, den man liebt, muß einem so richtig gut schmecken. Aber es schmeckt ja nicht einfach jedes männliche Wesen, es schmeckt doch nur der, der zu einem paßt. Sie sind doch nicht irgendein x-beliebiges Mädchen – nein, Sie sind Bettina G. und damit unverwechselbar, ganz anders als alle anderen mit diesen Nachnamen, als alle anderen Bettinas der Welt! Zu der kann doch nicht einfach jeder passen! Der zu einem paßt, muß gefunden werden – und das geht doch nicht von heut' auf morgen! Da kann man doch auch nicht einfach jeden erst mal ausprobieren! Dann gerät man vielleicht an den ganz Falschen, bindet sich viel zu sehr an ihn und verpaßt den Richtigen!

Liebe Bettina, denken Sie einmal: so gesund, so normal, so total richtig sind Sie, daß in Ihnen eine natürliche Stimme ist, die bewirkt, daß Sie vorsichtig sind, daß Sie nicht mit einem Jungen gehen wollen, den Sie gar nicht so recht mögen. Diese Stimme will Sie bewahren, diese Einstellung will Ihnen helfen, den Richtigen zu finden!

Aber deswegen soll man sich natürlich auch nicht verkriechen. Es ist sicher richtig, an guten Jugendveranstaltungen teilzunehmen, in eine Jugendgruppe einzutreten, um Gelegenheit zu haben, mehr Jungen kennenzulernen, mit ihnen zu sprechen, sich darin einzuüben, wie man miteinander umgeht, herauszufinden, wie der andere denkt und fühlt. Dies alles bildet ja erst die Voraussetzung dafür, den Richtigen zu finden. Dazu will die Jugendzeit Gelegenheit geben. Küssen ist ja auch nicht ähnlich harmlos, wie man sich etwa einen modischen Schmuck zulegt. Wenn Sie einen Jungen küssen, dann bedeutet das für den gesunden jungen Mann gleichzeitig die Mobilisierung all seiner Triebwünsche. Kann und will man das eigentlich immer verantworten, will man das als Mädchen eigentlich immer bewirken? Ich kenne viele Mädchen, die böse sind auf die Jungen, wenn sie nach vielen zärtlichen Küssen mehr wollen. Aber das ist eben auch nur allzu natürlich. Nur machen sich das die Mädchen oft gar nicht klar. Nur Ihr Unbewußtes, liebe Bettina, weiß das alles ganz genau, und deshalb glaube ich auch nicht, daß Sie Ihre Erziehung und Ihre Eltern für diese Zurückhaltungsneigung verantwortlich machen oder sie deswegen gar anklagen sollten. Sie sind wunderbar normal, und es kommt für Sie jetzt nur darauf an, gegen alle dumme Illustriertenaufklärung tapfer daran festzuhalten und einen klugen, guten, behutsamen Weg in das Land der Erwachsenen zu gehen.

*Ihre C. M.*

Liebe Frau Meves,

als ich gestern nach Hause kam und in mein Zimmer ging, lag dort Ihr Brief auf meinem Schreibtisch. Ich habe mich unwahrscheinlich darüber gefreut, zumal ich dachte, Sie würden nicht antworten, weil Sie so unheimlich viel zu tun haben. Aber Sie haben mir doch geschrieben. Ich war ganz weg – nicht einmal meiner Schwester habe ich von Ihrem Brief erzählt, obwohl sie sonst alles von mir weiß.

Heute hat mir ein Mädchen aus meiner Schule erzählt, daß sie noch niemals verliebt war. Sie ist schon siebzehn Jahre alt, und sie hat schon ein paar Freunde gehabt, die alle sehr nett waren. Dann sagte sie noch, daß es einen Jungen gäbe, bei dem sie jedes Mal weiche Knie und zittrige Hände bekomme. Bei den anderen Jungs, die sie kannte, war das nie so. Ist das die Liebe? Wenn ja, habe ich es noch nie erlebt. Aber vielleicht wäre es doch falsch, wenn ich mit irgendeinem gehen würde, den ich nicht mag, nur um auszuprobieren, wie „das" ist. Ich glaube, das könnte ich auch gar nicht. Also muß ich wohl warten. Nur hoffentlich nicht mehr sooo lange! Ich habe Ihnen ja erzählt, daß ich zu meinen Freundinnen sagte, ich hätte einen Freund. Jetzt wollen sie ihn unbedingt kennenlernen, denn nach meiner Schilderung ist es ein schöner, kluger und unheimlich charmanter Junge. Ich glaube, ich muß meinen Freundinnen sagen, daß er mit mir Schluß gemacht hat.

Sie schrieben mir, es gäbe eine öffentliche Meinung, die jeden indirekt zwingt, einen Freund zu haben oder sich einen zu erspinnen. Das finde ich auch – nur habe ich es mir nie klargemacht. Doch jetzt sehe ich manches ganz anders. Wir haben ein Mädchen in unserer Schule, über das alle lachen. Sie trägt immer lange dunkelgrüne Röcke und Zöpfe. Die Jungs ärgern sie (obwohl sie sehr klug ist), und wir Mädchen belächeln sie immer ein wenig. Manchmal erhält sie sogar einen gutgemeinten Ratschlag, wie sie ihre Haare tragen sollte oder sich kleiden müßte. Sie hat keinen Freund und bestimmt noch nie einen Jungen geküßt. Ich bin in der gleichen Situation wie sie, und trotzdem möchte ich nicht mit ihr befreundet sein. Manchmal verachte ich sie sogar ein wenig. Und dann schäme ich mich dafür. Sie ist viel stärker als ich; niemals hat sie den anderen Mädchen über Erlebnisse mit Jungs erzählt, und sie richtet sich auch nicht nach den Wünschen der anderen, die ihre Frisur betreffen. Sie muß einen sehr festen Charakter haben. Doch ich möchte nicht so sein wie sie. Ich widerspreche mir jetzt wohl, aber nur die Vorstellung, morgen in die Schule zu kommen und den Mädchen zu sagen, daß ich nie einen Freund hatte, noch nie geküßt habe, läßt mich erschauern. Ich glaube, sie würden mich aus ihrer Clique ausschließen; nicht einmal plötzlich oder böse, aber so nach und nach wäre ich nicht mehr eine von ihnen. Wie hält das bloß die Verena (so heißt das Mädchen mit den Zöpfen) aus? Sie hat keine Freundin, ist nur manchmal mit uns zusammen, wenn wir Schularbeiten machen.

Vielleicht sind Sie enttäuscht, weil ich den anderen nicht die Wahrheit sage über mich. Bitte seien Sie deswegen nicht böse. Ich kann es einfach nicht. Ich will nicht so abgestempelt werden wie die Verena. Aber im geheimen warte ich eben auf diesen Jungen, bei dem mir die Knie weich werden.

Hoffentlich habe ich Sie nicht gelangweilt mit meinem Brief. Ich könnte noch viel mehr schreiben, aber es ist schon ein Viertel vor elf.

Viele, viele Grüße, *Ihre Bettina*

# Um die Not, selbständig werden zu müssen

Liebe Frau Meves!

Ich weiß nicht, ob ich Ihnen einfach so schreiben kann, aber ich habe eine Frage, die mir ziemlich wichtig ist. Sie können mich ruhig warten lassen, wenn Sie viel zu tun haben.

Ich bin achtzehn Jahre alt und besuche eine Fachoberschule für Sozialarbeit und Pädagogik. Im Mai werde ich fertig sein, und nach dem Hochschulstudium möchte ich mich evtl. als Psychagogin ausbilden lassen. Seit ca. drei Jahren kommen immer wieder Leute mit ihren Problemen zu mir, und ich möchte gern effektiv helfen können.

Aber ich weiß nicht, ob ich für einen solchen Beruf geeignet bin. Ich habe schon eine Menge Bücher von Ihnen gelesen, und ich glaube, Sie haben auch einmal von Leuten geschrieben, die in einen sozialen Beruf gehen, um irgendwie ein eigenes Bedürfnis zu stillen.

Jetzt lese ich gerade „Lange Schatten – helles Licht". Da sagen Sie zu Mathias, er halte am Negativen und Hoffnungslosen fest, um die Wahlmama zu nötigen, immer weiter gebraucht zu werden. Ich glaube, das trifft auch auf mich zu.

Zwei Jahre lang ging es mir nicht besonders gut. Ich hatte mich in Probleme hineingesteigert. Meine Beziehungen zu anderen Menschen sind immer wieder kaputtgegangen, ich habe mich immer mehr abgelehnt gefühlt. Ich begann Schlaftabletten einzunehmen – nach der Schule eine, morgens nach dem Aufwachen möglichst noch eine. Manchmal nahm ich bis zu fünf Schmerztabletten zusammen mit Alkohol. Dann wurde mir so schön schlecht, und ich besuchte dann jemanden. Ich wollte mich kaputtmachen – wahrscheinlich um

Mitleid zu erregen. Die meiste Zeit lag ich zu Hause herum und wünschte, daß mich jemand besuchte. Von klein auf habe ich mich immer, wenn ich allein sein konnte, mit eingebildeten Personen unterhalten; meist sind das Menschen, von denen ich geliebt werden möchte. Ich weiß nicht mehr, wie das ist, wenn man in die Arme genommen wird. Seit ca. fünf Jahren onaniere ich.

Vor einem halben Jahr habe ich mein Leben Jesus Christus gegeben. Seitdem hat sich so viel geändert. Tabletten nehme ich schon lange nicht mehr, und ich versuche mit der Hilfe eines Ehepaares, mit dem ich in Briefwechsel stehe, von der Onanie freizukommen.

Aber oft ist es doch so, daß ich gar nicht weiterkommen *will*. Und oft habe ich noch Selbstmordgedanken.

O ja, wenn ich meinen Brief noch einmal durchlese, kann ich mir schon fast selber sagen, daß ich mit der Schule aufhören sollte. – Zur Zeit fühle ich mich manchmal ganz wohl und vertraue ganz auf Gott. Aber unterschwellig ist immer noch der Wunsch da, hilflso zu sein und eine „Wahlmama" zu haben.

Früher habe ich manchmal daran gedacht, zu einem Psychiater zu gehen; aber ich könnte mich nie jemandem anvertrauen, der kein Christ ist.

Vielleicht ist mein Brief wieder so ein Wunsch, jemanden zur Hilfe zu nötigen?

Schreiben Sie mir trotzdem wieder?

Herzliche Grüße, *Ihre M. K.*

Liebe M. K.,

herzlichen Dank für Ihren so mutigen Brief. Ich bin davon überzeugt: denen, die so ehrlich ihren Schwierigkeiten ins Auge sehen, denen, die so klar und selbstkritisch fragen, kann ganz gewiß geholfen werden, den Weg aus den eigenen Schwächen herauszufinden. Was Sie beschreiben, ist ja eine

Schwierigkeit, an der heute ungezählte Menschen, manchmal nur in geringfügig abgewandelter Form, leiden. Es handelt sich um die Not der Ungeborgenheit in einer kalten, technisierten und entpersönlichten Welt. Diese Zeit bringt ja schon die Mütter von Säuglingen dazu, ihnen nicht das zu geben, was ihnen zusteht: nämlich das Gefühl, ganz geborgen, ganz behütet, ganz von Wärme und Nahrung umgeben zu sein. Ohne daß Ihre Mutter dafür schuldig zu sprechen ist, hat auch sie sich gewiß an die Vorschrift gehalten, ihr Baby hygienisch einwandfrei zu halten, statt ihm in natürlicher Weise leiblich nahe zu sein. Die Stimmung, daß das Leben zu schwer ist, hält dann an und führt in der Jugendzeit zu all dem, was Sie beschreiben – zu der Neigung, sich betäuben zu müssen, einen Liebesersatz in der Masturbation zu suchen und Selbstmordgedanken zu haben. Ich glaube, daß ein ganzes Heer, mehr als die Hälfte der kommenden Jahrgänge von Jugendlichen, so fühlen und handeln wird wie Sie. Und alle diese Jugendlichen brauchen zunächst noch eine Wahlmama, die das Defizit an mütterlichem Kontakt und Geborgenheit nachholt. Ich habe aus Ihrem Brief herausgelesen, daß ein Ihnen befreundetes Ehepaar Ihnen diese Hilfe zu schenken versucht. Das ist gut. Es ist um so besser, wenn man es, wie Sie, im Bewußtsein hat, daß man als junger Erwachsener keinen Anspruch auf ein totales Babydasein mehr hat, daß man aber sein Bedürfnis nach Geborgenheit stundenweise maßvoll nachholen darf und muß. Dann nämlich kann die große wunderbare Erkenntnis, daß wir in Gott und Christus geborgen sind, das Fundament bieten, das jeder Mensch braucht, der in der sozialen Arbeit erfolgreich sein will: nämlich eine kraftvolle Lebens- und Sinngewißheit des eigenen Lebens.

Nein, Sie dürfen nicht aus Ihrem Ausbildungsweg herausgehen; im Gegenteil: Ihre Bereitschaft und Ihr Mühen um Überwindung Ihrer Not disponiert Sie dazu, ein besonders guter, ein von der Sache ganz erfüllter Helfer zu werden. Für die Hauptkrankheit unseres Volkes, die neurotische Depression, werden Sie mehr Verständnis haben, werden Sie sich besser einfühlen können. Und wenn Sie erst sehen, wie schlimm all die vielen anderen dran sind in ihrer Not, die keinen religiösen Fundus haben, werden Sie wie ich aus dem Rennen nicht mehr herauskommen und sich jeden Tag neu freuen, wie sinnerfüllend Ihre Arbeit ist.

*Ihre C. M.*

## Um eine voreheliche Beziehung

Liebe Frau Meves!

Ein Freund von mir hat mir die Adresse von Ihnen gegeben mit dem Rat, Ihnen zu schreiben. Dafür, daß ich dieses darf, danke ich Ihnen schon im voraus.

Ich habe nämlich ein Problem, das mich sehr belastet und das ich allein zu lösen nicht imstande bin. Deshalb ist es mir eine große Hilfe, Ihnen schreiben zu dürfen, und ich wäre Ihnen auch sehr dankbar, wenn Sie mir zurückschreiben könnten.

Ich habe seit einigen Jahren einen Freund, mit dem ich mich sehr gut verstehe, wenigstens habe ich dieses Gefühl. Wir studieren beide und wohnen seit ca. 1 1/2 Jahren zusammen in einer Wohngemeinschaft mit 4 anderen Paaren. Meine Schwierigkeiten liegen in der sexuellen Beziehung zu meinem Freund, und zwar darin, daß wir meist gar keine sexuellen Beziehungen haben. Die Ursache dafür liegt bei mir, weil ich sehr selten ein Bedürfnis danach habe. Ich hatte lange Zeit große Angst vor dem Geschlechtsverkehr, hauptsächlich deshalb, weil ich immer Angst hatte, ein Kind zu bekommen. Deshalb habe ich mich bald entschlossen, die Pille zu nehmen, obwohl so ganz wohl mir doch nie dabei war. Ich hatte immer Schuldgefühle dabei.

Aber auch mit der Pille hatten wir kaum öfter als einmal monatlich Verkehr, wir machten aber öfters Petting, weil ich das viel lieber mochte und mich das im Gegenteil zum Geschlechtsverkehr doch befriedigte. Ich sträubte mich immer mehr, die Pille zu nehmen, weil sie mir überflüssig vorkam, und ich ihr auch (ein wenig) die Schuld an meinen mangelnden sexuellen Bedürfnissen gab. Seit ca. 3/4 Jahr nehme ich sie also nicht mehr, aber es ist nicht besser geworden. Diese Schwierigkeiten sind oft erdrückend und beeinflussen unser ganzes Verhältnis. Da wir schon einiges probiert haben (verschiedene Zeiten, verschiedene Stellungen), es oft aber nur schlechter wird, sehen wir oft keinen Ausweg mehr. Mein Freund hat Angst, daß er auch einmal nicht mehr kann, denn bisher hatte er immer sehr viel Geduld mit mir. Trennen aber möchten wir uns nicht, weil wir uns sonst so gut verstehen und immer noch hoffen, daß es eine Lösung gibt und auch wir einmal ein befriedigendes sexuelles Verhältnis haben.

Es ist mir klar, daß ich Ihnen in einem Brief das Problem nicht ausreichend darstellen kann, und erwarte mir auch kein Rezept.

Aber wenn es möglich ist, bitte schreiben Sie mir!

Noch einige Angaben: Wir sind beide 22 Jahre, ich studiere Jura, mein Freund Betriebswissenschaft im 4. Semester. Daß meine „Unlust" nicht vom Freund abhängig ist, glaube ich sicher zu sein, da ich früher mit einem anderen Freund dieselben Probleme hatte und ich auch bei keinem anderen Mann das Bedürfnis hatte, mit ihm zu schlafen.

Ich hoffe sehr, bald etwas von Ihnen zu hören, und möchte mich herzlich bedanken, auch im Namen meines Freundes.

*Ihre K. Z.*

Liebe Katharina Z.!

Ich habe mich sehr darüber gefreut, daß Sie das Vertrauen zu mir haben, über ein so intimes Problem zu berichten. Schwierigkeiten lösen sich ja eben nicht dadurch, daß man sie unter den Teppich kehrt. Deshalb bedeutet es im Grunde schon die halbe Lösung, wenn man sich eingesteht: Allein *kann* ich jetzt nicht weiter; ich muß auf die Suche gehen nach einem Menschen, der mir weiterhilft. Wenn unser Auto stehenbleibt, tun wir das ganz selbstverständlich; aber viele Menschen scheuen vor einem solchen Auf-die-Suche-Gehen zurück, wenn es sich um seelische Probleme und Lebensschwierigkeiten handelt. Dabei gibt es das gar nicht: Daß der Mensch durch ein ganzes Leben lang immer mit sich selbst allein fertig wird. Wir sind alle aufeinander angewiesen.

Nun aber zu Ihrer Frage: Sie werden sich denken können, daß kein Brief eine gründliche psychologische Untersuchung und eine Behandlung durch einen Psychoanalytiker ersetzen kann. Ich würde Ihnen raten, einen Therapeuten zu suchen, falls unser beider gemeinsames Nachdenken Ihnen nicht zu einer Erlösung von Ihrem Bedrücktsein verhilft. Immerhin *könnte* es ja auch sein, daß die Nöte durch unbewußte Ängste aus Ihrer Kinderzeit herrühren, die dann nur mit Hilfe einer Behandlung zu lösen wären; aber – so sagt mir meine Erfahrung mit den vielen ähnlichen Klagen junger Mädchen in meiner Praxis in den letzten Jahren – Ihre Schwierigkeiten können evtl. auch in die Kategorie von absolut „normalen" Nöten gehören, die lediglich durch die neu errichteten „Normen" und Zwänge unserer „Sexdiktatur" entstanden sind.

Es ist nach meiner Erfahrung keineswegs das Übliche, daß ein junges Mädchen, das vor einer Ehe eine sexuelle Beziehung aufnimmt, *wirklich* positive Gefühle im Hinblick auf den Geschlechtsverkehr erlebt. Den *meisten* geht es wie Ihnen: sie haben Angst, ein Kind zu bekommen. Nehmen sie die Pille, fürchten sie in der Tiefe ihrer Seele doch, sich zu schaden (selbst wenn der Arzt das Gegenteil behauptet). Kürzlich träumte eine meiner Patientinnen, die mich lediglich wegen Schulschwierigkeiten aufsuchte, sie sei in einer endlosen Wüste. Als Kommentar sagte sie dazu: „Ich habe solche Angst, daß mich das Einnehmen der Pille so unfruchtbar macht – wie eine Wüste!"

Ich vermute, daß *Ihr* Fühlen und Empfinden nicht ein Zeichen von Frigidität oder sonst irgendeiner Unnormalität ist, sondern daß Sie eine besondere und höchst erfreuliche Eigenschaft haben: den Mut zur Ehrlichkeit gegen sich selbst und das gute Vermögen, echte Empfindungen nicht zu verdrängen. Sie gehören zu den Frauen, die sich nicht in ein Klischee pressen lassen können. Sie erleben Ihre Angst und Abneigung weiter, obgleich Ihnen der Modetrend sagt, daß Sie Freude an Sexualität zu haben hätten. Manche jungen Frauen lassen sich das suggerieren, obgleich es nicht so ist, müssen dann aber ihre Verdrängungsbereitschaft mit einer Anfälligkeit für Süchte aller Art bezahlen.

Im Grunde ist es das Natürlichste von der Welt, daß ein junges Mädchen Angst vor Sexualität hat. Eine intime Beziehung hat bei uns Frauen eben die Folge, daß wir über kurz oder lang ein Kind bekommen. Eine unverfälscht fühlende Frau will von dem Mann, den sie liebt, auch gern ein Kind haben. Und erst die Realisierungsmöglichkeit dieses Wunsches löst die Angst bei der intimen Beziehung auf. Lust und Freude lassen sich grundsätzlich erst erleben, wenn keine Angst im Vordergrund steht. Tief empfindende Mädchen erleben die Pille aber nicht als eine Erlösung von Angst; denn sie empfinden sie (mit Recht) als einen gewaltigen Eingriff (in unser Gehirn immerhin!), der ihr Mißtrauen nicht zerstreut, sondern vermehrt. Dies ist eine Erfahrung, die der gut Beobachtende heute staunend machen kann: Wir Frauen sind in der Tat keine Automaten, keine mechanischen Apparate, die man einfach zu besserem Gebrauch so mir nichts, dir nichts manipulieren kann: Unsere Seele bockt, wenn man sie nach Schema F behandelt; und das ist gut und richtig so.

Ich glaube, daß man aus Ihren Erfahrungen folgende Konsequenzen ziehen muß:

1. Daß Sie eine von jenen unverfälschten Frauen sind, für die die voreheliche sexuelle Beziehung nichts taugt. Sexualität in der Ehe zu haben gemeinsam mit einem geliebten Mann in der Hoffnung auf gemeinsame Kinder ist etwas völlig anderes als zu einem Zeitpunkt, an dem es eine Katastrophe bedeuten würde, schwanger zu werden. Es ist internationale Erfahrung der Sexualwissenschaftler, daß die Freude an der Sexualität bei der Frau nicht automatisch mit der Liebe zu einem Partner sofort da ist. Sie wächst erst allmählich. *Angst* bei den Ersterlebnissen kann dieses Wachsen zur Freude an Sexualität geradezu blockieren. *Deshalb* ist die Regelung der katholischen Kirche, die Sexualität vor der Ehe zur Sünde zu erklären, im Grunde psychologisch außerordentlich sinn-

voll. Die Frau braucht viel Schutz, viel sich (und ihr eventuelles Kind) Behütetfühlen, wenn sie wirklich zur Freude an der leiblichen Liebe geweckt werden soll. Die Ehe ist immerhin noch der beste Schutzraum für diese so absolut berechtigte Bedürftigkeit der Frau. (Ich bin nicht katholisch!)

2. Eine weitere Erkenntnis aus Ihren Erfahrungen muß heißen: Daß alles Rezeptieren und bewußte Manipulieren auf dem Feld der Sexualität nicht Unlust in Lust verwandelt. Mit Recht fürchtet Ihr Partner, „bald auch nicht mehr zu können": Wird Sexualität zum Selbstzweck erhoben und zum vergötzten Mittelpunkt der Beziehung, so geht bald gar nichts mehr. Zuviel Bewußtheit schadet sogar der Möglichkeit zum spontanen Ablauf: Sexualität reguliert sich (unbewußt) über das Stammhirn. Wird in das sexuelle Handeln das Großhirn (das Denken) immer wieder und vorherrschend dazwischengeschaltet, so wird die Funktionalität herabgesetzt. („Von des Gedankens Blässe angekränkelt", so hat Shakespeare schon sehr klug gewußt, entschwindet die Möglichkeit zur spontanen Handlungsmöglichkeit.)

3. Die nächste Erkenntnis sollte in der Freude darüber bestehen, daß Sie sich über einen so langen Zeitraum hinweg und eine so große Schwierigkeit hindurch die *Liebe* füreinander bewahrt haben. Wie gut ist das, wie hoffnungsvoll! Die Sympathie füreinander, das gegenseitige Verstehen – *das* ist in einer Beziehung absolut die Hauptsache! Wenn Ihr Partner Sie nun auch in diesem Ihrem wunden Punkt versteht, wird er vielleicht sogar aus Liebe auf sein Bedürfnis nach Sexualität zunächst noch verzichten können. Das wäre der Beweis einer Fähigkeit zur Rücksichtnahme (sprich: Liebe), die Großes und Zukunftreiches hoffen ließe! Ich habe nicht selten die Erfahrung gemacht, daß *dieser* Beweis von wirklich höchst achtenswertem Verzicht die Liebe der jungen Frau derart aufglühen ließ, daß sie (aus Liebe) bereit war, dem Mann die Möglichkeit zur Befriedigung seiner Bedürfnisse schenken zu wollen (unter Verzicht auf einen Anspruch auf sexuelle Lust), so daß daraus dann doch auch die große Freude bei der Frau entstand. Eine echt liebesfähige Frau ist zunächst

nicht auf die eigene Lust, erst recht nicht auf den Orgasmus – diese modische Vorschrift – gerichtet. Erst wo der Mensch sich selbst vergißt, beginnt die eigentliche, die wirklich menschliche Weise des Liebens. Deshalb ist die Betonung des *Rechts* auf Lust in der Sexwelle geradezu eine teuflische Erfindung.

Ich würde Ihnen zunächst also sehr raten, Ihre *seelische* Beziehung auszubauen und auf alles „Probieren", auf alles Manipulieren, ja zunächst auf *jede* Sexualität so lang wie möglich zu verzichten, so lange, bis alles in Ihnen drängend *diese* Form der Beziehung will. Freilich, nur ein echt liebevoller und verständiger Partner wird diesen Weg mit Ihnen gehen wollen. Schauen Sie sich einmal den zweiten Akt von Mozarts „Zauberflöte" an: den Weg des Pamino geht nicht jeder – mancher bleibt auch in der unbekümmerten Triebsphäre des Papageno stehen. Aber – und das bitte ich Ihrem Freund auszurichten: Eine Pamina gewinnt man sicher nur, wenn man bereit ist, solche Proben echt menschlichen Liebens zu bestehen.

Ich würde mich freuen, wenn Sie mir nach einigen Monaten einmal Nachricht gäben, wie es Ihnen ergangen ist!

*Ihre C. M.*

# Wie finde ich eine Frau?

Sehr verehrte Frau Meves!

Ich weiß nicht, ob dieser Brief Sie jemals erreichen wird, da ich Ihre genaue Adresse nicht kenne. Dennoch möche ich Ihnen meine Geschichte erzählen und Sie um Rat bitten.

Ich bin 22 Jahre alt und verlebte meine Kindheit auf dem Lande. Sie verlief einigermaßen konfliktfrei, d. h. genügend Mutterliebe, genügend Raum und Zeit, mich selbst und meine Kontakte zu anderen Menschen zu entfalten, christliche Erziehung ohne übertriebene Sexualtabuisierung.

Auch die Volksschule verlief einigermaßen okay, ich war ein Rabauke und habe mich fast jeden Tag geschlagen und es dabei angenehm empfunden, wenn ich anerkannt wurde, besonders durch Mädchen. Ich hatte immer eine, die ich mochte und die mich mochte. Dezember 66 kam ich dann aufs Gymnasium, eine Schule, an der nur Lehrer und Jungen waren. Ich hatte es sehr schwer, Fuß zu fassen, schaffte es aber dann doch. Solange ich mit der alten Volksschulklasse zum kirchlichen Unterricht ging, waren meine Beziehungen zu Mädchen normal. Doch als ich älter, 16 Jahre alt, wurde und ich aufhörte, intensiv Sport zu treiben, verschlechterten sich die Beziehungen zu Mädchen unheimlich. Sehr selten mal war ich auf einer Fete, und all die Sportfeste und Tanzveranstaltungen (wovon es nicht viele gab) waren mir viel zu primitiv. Mädchenbekanntschaften hatte ich vielleicht eine im Jahr. Mit 16/17 Jahren trat ein merklicher Wandel in meinem Leben ein. Ich lernte einen Freund kennen, der ebenfalls zum Gymnasium ging. Er besuchte mich nun jeden Tag. Wir unterhielten uns viel, tranken viel Alkohol, gingen oft in interessante Filme. Unsere Unterhaltungsthemen: Freud, Kentler,

Marcuse, Haecker, Pädagogik, Psychologie, Parapsychologie, 6. und 7. Buch Mose, Drogen, Alkohol, Jazz und Blues (wir fanden uns unheimlich toff). Ein Dialog, der drei Jahre dauerte, bis ich merkte, daß ich so verklemmt war, daß ich vor einem dreizehnjährigen Mädchen Komplexe hatte (mit 19!). Bis zu meinem Abitur Juni 75 hatte ich fünf ganze Mädchen geküßt, mit einer war ich (mit 16) vier Wochen zusammen. „Verdammt schwaches Bild", dachte ich mir. Nach dem Abitur hatte ich eine Verhandlung als Kriegsdienstverweigerer. Ich verweigerte mit der Bibel und fiel prompt auf die Nase, denn ich glaubte nicht so recht daran. Im Juli 75 fuhr ich dann mit einem anderen Freund nach Italien. „Das ist das Leben", dachte ich. Jeden Tag am Strand in der Sonne, gesoffen wie die Stiere und jeden Tag auf Mädchenfang (ich wollte unbedingt mit einem Mädchen schlafen). Ich suchte mir dann ein nicht besonders gutaussehendes Mädchen aus, ging abends mit ihr aus und ließ sie so vollaufen, bis sie keinen Willen mehr hatte. Und dann passierte es – ein triumphaler Sieg. Das gleiche habe ich noch zweimal wiederholen können mit anderen Mädchen. Als ich nach Hause kam, konnte ich von meinem frisch aufpolierten Selbstbewußtsein einige Zeit zehren, doch als ich im Herbst 75 anfing, in einem Altersheim zu arbeiten, fing die Verklemmung von neuem an. Da ich die Spannung in der Zusammenarbeit mit Mädchen nicht länger ertragen konnte, hörte ich nach acht Wochen auf. Ich nahm nach einer schweren Auseinandersetzung mit meinen Eltern (ich lebte fast immer in Streit mit ihnen, weil sie ja meine Erziehung „verkorkst" haben) meine Kriegsdienstverweigerung zurück, um darauf vier Jahre zur Bundeswehr zu gehen (Wartezeit auf Studienplatz). Meine Ziele: Von zu Hause weg, finanziell unabhängig sein, frei zu sein, tun und lassen können, was ich will.

Jedoch bin ich nun nach 15 Monaten Bund (erst Rekrut, dann Ausbilder) so weit, daß ich jeden Abend meine zehn Bier brauche, um von dem hirnlosen Scheiß, den ich tagsüber produziere, Abstand zu gewinnen.

Ein Mädchen, so denke ich, wäre die Lösung; doch ich lese

in der rechten Hand die Bibel und in der linken Hand einen Porno, so daß ich jeden Abend von neuem bis an den Kragen voll Groll gegen mich selbst und meine Vorgesetzten wieder ausflippe. Das in meiner Seele tief eingebaute Sexualtabu verhindert jeden Kontakt zu Mädchen. (Ich habe Angst vor Mädchen, und trotzdem sehne ich mich nach ihnen.) Andererseits möchte ich gern zu Jesus, doch wenn er das „Schöne“ verbietet, sehe ich eine „Schizophrenie“ in seiner Botschaft.

Bitte erklären Sie mir, wie man aus Haß, Angst, Egozentrik Liebe und Offenherzigkeit produzieren kann.

*R. O.*

Lieber Herr O.!

Herzlichen Dank für Ihren so offenen Brief. Ich glaube, daß es eine solche „Schizophrenie“, wie Sie schreiben, zwischen dem Glauben an Gott und Christus und dem Wunsch nach Sexualität keineswegs zu geben brauchte. Ich bin mir auch gar nicht so sicher, daß Ihre Eltern schuld daran sind, daß Sie so große Schwierigkeiten haben. Unsere moderne Sexdiktatur, die den jungen Männern weismachen will, daß sie bis zum Abitur mindestens drei Dutzend Mädchen verputzt haben müssen, um sich normal fühlen zu können, erzeugt m. E. neue, ganz abscheuliche Minderwertigkeitskomplexe, unter denen Sie zu leiden scheinen. Es ist doch gar nicht schlimm, wenn man in Ihrem Alter noch nicht das richtige Mädchen gefunden hat. Die Richtige liegt doch nicht zwischen all den Kieselsteinen irgendwo am Weg! Gehen Sie doch erst einmal auf die Suchwanderung, statt zu meinen, daß es möglich ist, dadurch ein Mädchen zu finden, daß man zuerst einmal in ein sexuelles Abenteuer mit ihm einsteigt. Ich bin davon überzeugt, daß für Sie zunächst folgendes notwendig ist: daß Sie Ihre Hoffnungslosigkeit aufgeben, daß Sie sich einer christlichen Gruppe anschließen, daß Sie den eigentlichen Sinngehalt biblischer Aussage verstehen lernen. Die Umkehr, von der dort gesprochen wird, ist ja nur eine Umkehr weg von der eigenen Verzagtheit hin zu einer neuen Zielorientierung auf Gott zu. Wenn man so eine Zielorientierung hat, dann kann man sich zum Beispiel auch das Ziel setzen, nicht mehr so viel Bier zu trinken, man kann es mit Coca-Cola oder anderen Flüssigkeiten ersetzen, die nicht so schaden und einen nicht so lähmen. Das wäre der erste Schritt. Der zweite Schritt wäre der, daß man Kontakte mit seelisch gesunden Mädchen sucht, nicht mit „Sexualobjekten". Das heißt also echte Kontakte, die die richtigen Mädchen auch erhoffen und erwarten. Ein solches Kontaktsuchen heißt, daß man miteinander spricht, daß man versucht, sich zu verstehen, daß man aufeinander eingeht, daß man sich lange und oft miteinander unterhält. Das ist die erste Voraussetzung, um ein Mädchen zu erobern. Wenn man hier vorankommen will, die Richtige zu finden, muß man sich erst auf den Weg machen, die Seele der Mädchen zu gewinnen.

Gehen Sie zu Veranstaltungen, auf denen man Mädchen und den Umgang mit ihnen zwanglos kennenlernen kann. Dann verlieren diese Wesen an Unheimlichkeit. Aber dazu brauchen Sie Geduld mit sich selbst. Das ist ein Lernprozeß, der eine lange Zeit in Anspruch nimmt. Wie wollen Sie denn je zu einer Beziehung zu Frauen kommen, wenn Sie als Klassenziel nur auf den sexuellen Vollzug starren?

Für alles Schöne, auch alles Leibliche ist in der christlichen Religion Platz, weil alles gut ist, was mit echter, aufbauender und verantwortungsbewußter Liebe zu tun hat. Eine „Schizophrenie" brauchte es da nicht zu geben, wenn *Sie* eine menschliche Einstellung entwickeln.

*Ihre C. M.*

# Um eine christliche Psychologie

Sehr geehrte Frau Meves,

aufgrund der Vorbereitungen meiner Diplomarbeit im Fach Psychologie stieß ich auf einige Ihrer Schriften, auf die ich von Kommilitoninnen aufmerksam gemacht wurde, die von meinem Vorhaben hörten, psychologische Erkenntnisse und biblische Aussagen einander gegenüberzustellen. Was lag da näher, als mich auf Ihr Buch „Die Bibel antwortet uns in Bildern“ aufmerksam zu machen?

Ich habe beim Lesen dieses Buches die Erkenntnis gewonnen, daß anscheinend psychische und historische Entwicklungen einander wechselseitig beeinflussen, daß sich also in der Geschichte nur das niederschlägt, was in der Psyche des Menschen bereits vorhanden ist, und umgekehrt jedes historische Geschehen auch in der menschlichen Psyche seinen Niederschlag findet.

Bereits in den ersten Semestern meines Psychologiestudiums ist mir aufgegangen, daß wohl alle psychischen Probleme letzten Endes aus dem Ungehorsam des Menschen gegen die Gebote Gottes resultieren. Leider kann man dies in keinem Seminar laut sagen, ohne gründlich verspottet zu werden. Man ist der Meinung, das eine habe mit dem anderen nicht das geringste zu tun. Dabei wäre doch so vielen Menschen heute bei ihrem psychischen Reifeprozeß damit geholfen, wenn sie als Grund ihrer Selbstentfremdung ihre Entfremdung von Gott erkennen könnten.

Wäre es hier nicht an der Zeit, eine spezifisch „christliche Psychologie“ zu begründen, die auf dem christlichen Glauben basiert und dem Menschen auf dem Fundament der Bibel psychische Hilfestellung leistet? Die dann auch den vielen hilfesuchenden Jugendlichen aufgrund der gesammelten psychologischen Erfahrungen deutlich macht, daß sie für ihre Selbstfindung nicht unbedingt Zuflucht in indische Mysterienreligionen nehmen müssen usw.

Diese „christliche Psychologie“ könnte vielleicht auch eine Brücke schlagen zu den vielen Christen, die ein tiefes Mißtrauen gegenüber der Psychologie allgemein hegen, nur weil einige ihrer prominentesten Vertreter sich offen als Atheisten bekannten. Es ist gegenwärtig sehr schwer, solche Christen von der Richtigkeit gewisser psychologischer Erkenntnisse überzeugen zu wollen, die auch ihnen letzten Endes nur von Nutzen sein könnten.

Auch ist es erschreckend, wie z.B. heute im Fach „Religionspsychologie“ der Eindruck vermittelt wird, man könnte den Glauben „psychologisch erklären“. Wie vielen Studenten ist hier schon der mitgebrachte Glauben abhanden gekommen!

Einerseits sind die Kirchen selbst überfordert, wenn man von ihnen erwartet, daß sie den Menschen das „Heil“ bringen sollen, wo ihnen die Menschen doch den Rücken gekehrt haben.

Anders ist es dagegen mit der Psychologie, die noch meistenteils auf offene Ohren stößt ... Sicher haben auch Sie erlebt, daß man Ihnen religiöse Wahrheiten eher abnahm als den Pfarrern.

Verstehen Sie mich bitte nicht falsch. Es geht nicht darum, die Psychologie als Pferd vor einen anderen Karren zu spannen. Ich meine nur, daß eine Lehre von der Seele des Menschen einfach nicht ohne die Lehre von Gottes Geboten und seiner Liebe zu den Menschen auskommen kann. Der Mensch ist eben mehr als ein intelligenter Affe, und da kann man einfach nicht die Beteiligung Gottes am menschlichen Wesen unterschlagen. Man hat es lange genug getan, und was dabei herausgekommen ist, sehen wir alltäglich in Form von immer schwerer zu bewältigenden Problemen, die sich der Mensch aufgrund seines Ignorierens des ersten Gebotes eingehandelt hat. Die Bibel ist voll von Konsequenzen solchen

Tuns, und auch Sie können sicherlich ein Lied davon singen …

Damit es aber nicht zu einer fatalen Katastrophe kommt und wir uns nicht immer tiefer in unseren Götzendienst und die damit zusammenhängenden Probleme verstricken, bedarf es einer Rückkehr zu bereits vorhandenem Gedankengut – keine neuen Denkmodelle oder -ansätze, wie man uns immer wieder glauben macht.

Vielleicht kennen Sie noch weitere christliche Psychologen, wie z. B. Prof. Seiß in Kiel, die evtl. bereit wären, aus diesen Erkenntnissen eine neue Bewegung hervorgehen zu lassen?

Ich wäre Ihnen daher zu großem Dank verpflichtet, wenn Sie mir hierzu Ihre Vorstellungen mitteilen könnten.

Mit freundlichem Gruß, *Regina K.*

Liebe Regina K.!

Herzlich danke ich Ihnen für Ihren klugen und nachdenklichen Brief. Daß eine Psychologiestudentin sich so wenig von der mechanistischen Psychologie, die sie sich zwangsläufig während ihres Studiums anzueignen hat, verführen, daß sie sich nicht in ein positivistisches Weltbild nötigen läßt, ist schon eine bemerkenswerte Ausnahme, die mich tief erfreut hat. Da ist also ein Mädchen in M., das wirklich wagt, weiter zu denken, zu Ende zu denken, wie Adorno gefordert hat, und das dabei auf die Beziehung der Menschen zu Gott stößt!

Und letztlich wäre dann, wie Sie sehr richtig erkennen, eine christliche Psychologie die notwendige Forderung der Zukunft, die eine umfassende Integration der Biologie (des Fleisches) und der Theologie (des Heiligen Geistes) in unser Weltbild vollziehen müßte. Ich glaube mit Ihnen, daß das Heil der Menschen heute davon abhängt, ob er es schafft, sich zu einem bewußten freiwilligen Gehorsam zu Gott hin zu entfalten und zu entscheiden. Die Möglichkeit, zu erkennen, wie dieses Ge-*Horchen* sich konkret zu vollziehen hat, wird dem Menschen eben auf jenen beiden Wegen geschenkt: 1. durch ein intensives Einfühlen, Beobachten und Versenken in die Naturvorgänge einschließlich der biologischen Vorgänge in uns selbst. Ich glaube mit Goethe, daß „alles Vergängliche ein Gleichnis ist" und uns deshalb viel verraten kann über die Gesetze des Lebendigen, in die auch wir eingebunden sind, und 2. durch Nachdenken, Erhorchen und Versenken in den Erfahrungs- und Offenbarungsschatz der Bibel, in der so fundamentale Aussagen gemacht werden über die kausalen Bedingtheiten und finalen Aspekte der menschlichen Seele. Die Voraussetzungen und Grundbedingungen der Kindererziehung sind durch Bildungsprozesse dieser Art ebenso orientierungsreich zu erzielen wie die Voraussetzungen zum Zusammenleben mit Mitmenschen und die zum Aushalten, Durchstehen und Gestalten des Lebensschicksals. Ja, viele der Strukturen unseres psychotherapeutischen Vorgehens haben biblische Vorläufer: die Verheißung von (göttlicher) Geborgenheit, (göttlichem) Schutz und (göttlicher) Verläßlichkeit in den Psalmen, bei Jesaja, die Gegebenheit von Aggression, Renegatentum, Schuld, Schuldbekenntnis, Erlösungsbedürfnis und Erlösung, der Aufruf zur Entscheidung, Umkehr und Selbstverantwortung im Neuen Testament.

Ja, Prof. Seiß und ich haben uns in ähnlichen Intentionen oft schon einmal zusammengefunden. Vielleicht bauen Sie mit an einer Psychologie der Zukunft? Wir brauchen sie ganz dringend!

*Ihre C. M.*

# Um den Kampf für die Zukunft

Sehr geehrte Frau Christa Meves!

Zu Ihrem Festvortrag bei der Eröffnung des Internationalen Seminarkongresses für praktische Medizin der Bundesärztekammer in Davos am 19. Juli 1976, der auch in der Zeitschrift „Deutsches Ärzteblatt“ (36/1976) veröffentlicht wurde, möchte ich mich gerne kurz äußern, und ich bitte Sie, mir einige Minuten zu opfern.

Zunächst aber möchte ich mich vorstellen: Mein Name ist: D. M., 18 Jahre, zur Zeit Schüler der Klasse 13 an einem Gymnasium. Mein Vater ist Arzt. Durch ihn erhielt ich Zugang zu diesem Vortrag. Ich bin sowohl naturwissenschaftlich als auch politisch sehr interessiert.

Ihren Vortrag las ich mit größtem Interesse. Sie haben Ihre Arbeit auf einer sachlichen Basis ohne dogmatischen Starrsinn und ohne ideologische Verzerrung aufgebaut, eine Arbeit, die an höchster politischer Brisanz nichts zu wünschen übrigläßt. Dieser Punkt, der für einen jungen Menschen von großer Bedeutung ist, und die Tatsache, daß Sie an Ihre naturwissenschaftliche Vorgehensweise eine ausgezeichnete Argumentation verknüpfen, läßt einen jungen Menschen nur mit dem Kopf nicken. Verstehen Sie mich aber bitte nicht falsch. Dieser Brief soll keine Lobeshymne sein, nein, denn ich verfolge damit einen ganz konkreten Zweck. Viele meines Alters nämlich, vornehmlich Jungsozialisten, treten für die Gleichheit ein. Ich glaube, daß das so gut ist, Gleichheit ja, aber nicht um jeden Preis, nicht um den Preis einer Verstümmelung und Verkrüppelung unserer Gesellschaft, einer Gesellschaft, die zwar viele Fehler hat (welche Gesellschaft hat die nicht?), die aber meiner Meinung nach für das einzelne

Individuum sehr große Vorteile mit sich bringt. Diese jungen Leute, von denen ich vorhin sprach, verfolgen in der Mehrzahl zumindest keine schlechte Absicht. Sie meinen es sicherlich gut. Das ist eben das Dilemma. Man kann ihnen keinen Vorwurf machen, denn als Teil der Jugend sind sie das Produkt aus dem, was vor ihnen geschah. Dennoch sehen sie einen falschen Weg, was dadurch verschlimmert wird, daß sie diesen Weg mit einem guten Gewissen gehen. Deshalb glaube ich, daß man diese Menschen nicht mit Verunglimpfungen, sturem Verhalten und bösen Worten zur Räson bringen kann. Hier muß eine Argumentation einsetzen, die dem höheren Anspruch gerecht werden muß, den diese jungen Leute stellen. Daher muß sie ehrlich, gut durchgearbeitet und sauber sein, ferner muß sie leicht einsehbare Wahrheiten beinhalten. Ihre Arbeit erfüllt diese Forderungen. Deshalb meine Frage: Warum stellen Sie Ihre Erkenntnisse nur einem Kreis von Ärzten und Honoratioren zur Verfügung? Warum darf die breite Bevölkerung, vor allem aber die Jugend, an diesen essentiellen Erfahrungen, die Sie gesammelt haben, nicht teilhaben? Oft glaube ich, daß Erwachsene Angst haben, dies, was Sie in Ihrem Vortrag schrieben, vor ihren Kindern zu vertreten. Dann heißt es: Der hört ja doch nicht zu; der läßt sich sowieso nichts sagen; der steht ja doch gleich vom Tisch auf und geht weg. Ich glaube, daß das nicht stimmt, vorausgesetzt, man geht auf den Jugendlichen ein, man erklärt es ihm, man schenkt ihm Beachtung. Deshalb mein Vorschlag: Weshalb bringen Sie solche Dinge nicht im Fernsehen, im Hörfunk, in der Zeitung? Wenn man eine einfachere Sprache wählt, spricht das sicherlich jeden an, dieser beginnt dann seinen Standpunkt zu überprüfen, weil man mit sachlicher Argumentation vorgeht, auch ein junger Kommunist oder ein Jungsozialist. Mir hat Ihr Vortrag eine ganz neue Perspektive zur Beurteilung des Marxismus und des Sozialismus, also der Richtung, in die zur Zeit noch unter der jetzigen Regierung das Pendel ausschlägt, eröffnet. Ich hätte nie gedacht, daß diese Elemente sich schon so weit in unserer Gesellschaft eingefressen haben. Darum: Treten Sie mit Ihrer Meinung, Ihren

Untersuchungen, Ihren Ergebnissen an die *breite* Öffentlichkeit!!!

Verstehen Sie diesen Brief nicht als versteckten Vorwurf, sondern als Hilferuf! Es ist höchste Zeit!!!

*Hochachtungsvoll D. M.*

Lieber D. M.,

ich habe mich sehr über Ihren nachdenklichen Brief gefreut. Es kann mit unserer Zukunft nicht so schlecht bestellt sein, wenn es noch so etwas gibt: daß man sich im Alter von achtzehn Jahren Gedanken macht über die Welt und über den Zaun seiner eigenen Interessen hinausschauen mag. Wir haben das für die Zukunft so bitter nötig, daß man sich immer nur freut, wenn man hin und wieder (selten ist das ja nur noch) einen Menschen findet, der sich solchen Aufgaben stellt.

Sie fragen, warum ich meine Erkenntnisse nur einem Kreis von Ärzten und Honoratioren zur Verfügung stelle. Das tue ich ganz gewiß nicht – im Gegenteil: nachdem ich in meinem Therapiezimmer zu der Einsicht gekommen war, daß wir den Nöten unserer Zukunft überhaupt nur entgehen können, wenn es eine allgemeine Neurosenprophylaxe, d.h. also eine Volkshygiene, gibt, habe ich mich darum bemüht, diese wichtigen Erkenntnisse aus dem Bereich der Tiefenpsychologie in die Öffentlichkeit zu tragen. Mir ist das mit Hilfe meiner Taschenbücher im deutschen Sprachraum auch ein wenig gelungen. Aber Sie überschätzen die Freiheit in unserer sog. freiheitlichen Demokratie, wenn Sie meinen, es stände einem Menschen, der mit solchen Devisen (die Familie muß erhalten bleiben, ohne Gott geht es nicht) arbeitet, zu Gebote, sich sein Forum zu wählen. Unsere sog. Publikationsorgane, vor allem ein Teil des Fernsehens und des Rundfunks, sind bereits einseitig ideologisch gefärbt. Man will dort solche Dinge, wie ich sie unverblümt sage, nicht nur nicht hören, sondern man bekämpft sie. Den meisten Menschen ist ja nicht einmal im Bewußtsein, daß unsere nach links ausgerutschten Offiziellen gar nicht mehr die individuelle Freiheit und Verschiedenheit des einzelnen im Blickpunkt ihrer Ziele haben. „Heringsschwarm" steht auf dem Programm, und zwar aus machtpolitischer ideologischer Tendenz. Diese Tendenz wird ganz gezielt verfochten und den neomarxistischen Einflüsterungen willig das Ohr geliehen. Wie gesagt, Meves ist da absolut nicht zu gebrauchen. Ich habe in den vergangenen acht Jahren in mühsamem Alleingang dafür gekämpft, daß das deutsche Volk sich nicht noch einmal hoffnungslos indoktrinieren läßt.

Um so froher bin ich über einen solchen Brief wie den Ihren. Wir brauchen natürlich junge Menschen, die sich nicht täuschen lassen und Klarheit besitzen, auch über das Ausmaß der Gefahr, in der wir heute wieder stehen. Meines Erachtens ist es auch höchst sinnvoll, daß immer wieder an die Medien herangetragen wird, daß das Volk diese Elfenbeinturmideologie gar nicht will, damit die Fehlvorstellung aufgebrochen wird, daß diese Ideologie das ist, was das Volk sich wünscht. Je mehr Sie da mitmachen und Ihre jungen Freunde aktivieren, um so mehr können wir für die Zukunft hoffen.

*Ihre C. M.*

# SORGEN UM EHE, LIEBE UND SEXUALITÄT

# Um eheliche Untreue

Sehr geehrte Frau Meves!

Unbekannterweise wage ich es, Ihnen zu schreiben in der Hoffnung, daß Sie vielleicht einen Rat wissen. Ich habe mir Ihr Buch „Ehe-Alphabet" gekauft und fühle mich davon angesprochen, und zwar durch die Sätze: „Ich kenne viele Ehefrauen, die in Opferbereitschaft und Liebe für ihre Männer deren Berufskameraden-Zweitehe über Jahre toleriert haben, ohne Sticheleien, ohne eine neue Hausmacht auf dem Boden der Schuldgefühle des Partners zu errichten, und die in glücklichen Altersehen die Früchte dieser geduldigen Treue geerntet haben."

Wir sind seit neun Jahren verheiratet, haben zeitweise nur eine Wochenendehe führen können, und so bin ich in eine Rolle hineingerutscht, die ich nicht wollte. Ich mußte alles allein entscheiden. Wir haben zwei Söhne, fünf und sieben Jahre alt, mein Mann ist in der freien Wirtschaft tätig. Wir kommen beide aus guten Elternhäusern und sind beide vierunddreißig Jahre alt.

Vor einem Jahr sagt mir nun mein Mann, er liebt mich nicht mehr. Für mich kam das aus heiterem Himmel. Inzwischen war es teilweise wieder gut, aber nun hat jeder körperliche Kontakt aufgehört, nun weiß ich nicht weiter. Ich liebe meinen Mann, aber wie kann ich so neben ihm leben? Er war kürzlich eine Woche lang weg. Da wartete ich auf seinen Anruf, aber er vergnügte sich das Wochenende bei einer Bekannten. Dadurch hat nun mein Vertrauen einen Knacks bekommen, und er sagt selber, er fährt wieder hin. Er sagt mir nicht, was dahintersteckt. Aber darum geht es gar nicht. Ich meine nun, so kann ich nicht weiterleben, ich habe das Lachen verlernt. Mein Mann kann gut so weiterleben, sagt er, denn er hat ja eine gute Betreuung zu Hause. Und holt sich die Zärtlichkeiten woanders, und ich wasche ihm die Sachen. Ich möchte nicht weg von meinem Mann, aber wie soll ich so neben ihm leben können? Ich bin so anschmiegsam, die körperliche Liebe ist für mich so etwas Wunderbares.

Evtl. wollte mein Mann zum 1. Oktober ausziehen, aber die Kinder brauchen doch einen Vater. Er hat für die Kinder nicht viel übrig, sie werden nur angeschrien.

Wir sind am Anfang gemeinsam in die Kirche gegangen, jetzt fährt er mich hin und sagt: „Auf Wiedersehen, in einer Stunde hole ich dich ab." Durch meinen Glauben hole ich mir viel Kraft.

Ich habe zu meinem Mann gesagt: „Ich weiß, was ich will, ich will bei dir bleiben. Du mußt dich entscheiden." Aus Bequemlichkeit würde er gern so weiterleben; aber wissen Sie einen Rat, wie ich das überstehe? Mein Mann ist sicherlich innerlich sehr einsam, Gefühle kann er nicht zeigen, schon gar nicht darüber sprechen.

Wir haben eine schöne und gemütliche Wohnung, wir sind beide sensibel und empfindlich. Manch einer sagt mir, ich soll meinen Mann ziehen lassen, er kommt wieder zurück. Ich habe leider die Gabe, meine Umwelt zu verschönern, das heißt: meine Familie zu verwöhnen, und mache lieber alles selber, als mir helfen zu lassen. Ich weiß, das ist ein Fehler. Mein Mann achtet mich sehr. Bei mir taucht einfach nun die Frage auf: Bleibe ich bei meinem Mann, egal, was mich erwartet, oder baue ich mir mit vierunddreißig Jahren noch ein anderes Leben auf, aber es geht ja doch in erster Linie um die Kinder. Wir streiten uns nicht, ein Außenstehender merkt nicht, was los ist.

Ich weiß, ich bin an der Seite meines Mannes versorgt und die Kinder hätten einen Vater, aber wie bringe ich es fertig, so zu leben?

Herzliche Grüße unbekannterweise! *A. D.*

Liebe Frau D.

Sie haben mir einen sehr besorgten Brief geschrieben mit einem Problem, wie es zur Zeit in vielfältiger Weise ähnlich bei mir anlandet. „Kann ich eine solche Ehe fortführen?“

Ich habe Ihren Brief sehr sorgsam mehrere Male gelesen, und ich glaube, daß er einige Aussagen enthält, die eine Entscheidung erleichtern:

1. Sie lieben Ihren Mann. 2. Er achtet Sie. 3. Sie empfinden, daß eine Scheidung eine Katastrophe für Ihre Kinder wäre. Da sind sehr, sehr gewichtige Argumente, und ich meine, daß sie schwer wiegen gegen die beiden anderen.

1. Daß Sie durch das Verhalten Ihres Mannes bitter gekränkt sind. 2. Daß Sie das Fehlen von Zärtlichkeit und Sexualität als eine große Entbehrung erleben.

Es ist schwer, so zu leben, sehr schwer – und dennoch glaube ich, daß man mitten in solchem Leid auch das Lachen wieder lernen kann, wenn man dieses Leid als die eigene ganz persönliche Schicksalsprüfung zu erleben lernt, wenn man weiß, daß man durch Tapferkeit, ja selbst durch Entbehrungen reifer und stärker werden kann und daß es eine großartige Sache sein kann, aus Liebe und Verantwortung für die Familie durch Toleranz sogar ein so großes Opfer zu bringen.

Liebe Frau D., bitte bedenken Sie: Unser Leben ist immer in Bewegung; auch Ihr Mann wird sich verändern, auch die Beziehung zu einer anderen Frau bleibt nicht lebenslänglich die gleiche. Sagen Sie Ihrem Mann, daß sein Leben mit der anderen Frau für Sie eine bittere Wunde ist, die täglich neu schmerzt, aber daß Sie für ihn und um der Kinder willen dieses Leid zu tragen versuchen wollen. Sagen Sie ihm auch, daß Sie versuchen würden, einen fröhlichen Feierabend zu gestalten, daß Sie sich mühen würden, Ihre Not, die immer da sei, nicht fortgesetzt auf dem Gesicht zu tragen; für ihn und aus Liebe würden Sie dies versuchen.

Ich mache gute Erfahrungen mit diesem Rezept. Auch die

Seiltänzer-Männer, die so leichthin tun, werden doch täglich angerührt von ihrem Gewissen und dem Wissen, daß es nicht richtig ist, so zu leben. Das macht es ihnen meist doch (oft freilich erst nach Jahren) möglich, zu der großen selbstlos Liebenden an ihrer Seite ganz zurückzukehren.

Ich wünsche Ihnen viel Kraft! *Ihre C. M.*

# Um eine sexuelle Not

Sehr geehrte Frau Meves,

ich beiße die Zähne zusammen und schreibe Ihnen heute, denn seit Montag hat sich das Entsetzen in mir eingenistet und macht sich immer breiter. Meine Töchter (6 und 9) leiden unter meiner Unausgeglichenheit und ständiger seelischer und geistiger Inanspruchnahme, das ein Fehlverhalten meines Mannes bei mir ausgelöst hat.

Per Zufall wurde ich Zeuge eines abartigen sexuellen „Spiels", das er mit dem Hund unserer Kinder trieb. Ich bin nicht sicher, ob er *weiß*, daß ich es sah. Zumindest ahnt er es, sein Verhalten läßt darauf schließen.

Vor ungefähr 4 Jahren „gestand" er mir einmal, daß seine Spielgefährten und er in seinem Heimatdorf Verkehr mit Tieren probiert hätten! Das hätte mein Mann mir nie erzählen dürfen; denn seitdem war unsere Beziehung gestört. Meine Angst und Unausgeglichenheit übertrug sich in schädlicher Weise auf unsere Kinder. Mit viel Liebe und Sorge – zuviel? – den Kleinen gegenüber versuchte ich, einen Ausgleich zu schaffen. Unsere Ehe haben wir – glaube ich – bisher einigermaßen geschafft. Ich weiß, unsere Kinder brauchen den Vater, ich brauche seinen ratgebenden Männerverstand.

Ich fühle mich schuldig, weil ich diese beschämende Angelegenheit nicht allein für mich behalten und verkraften kann. Aber ohne Hilfe komme ich nicht zurecht!

*Ihre P. A.*

Liebe Frau A.!

Bitte entschuldigen Sie, daß auf Ihren Brief vom 6. 10. erst heute eine Antwort erfolgt – ich weiß, daß Briefe, die „mit zusammengebissenen Zähnen" geschrieben werden, *sofort* eine Rückantwort brauchen. Man hat das nötig: sich nicht mit der Frage quälen zu müssen, ob der, dem man sich anvertraut hat, auch wirklich *versteht*, statt zu verurteilen. Ich *schreibe* auch sofort, nachdem ich Ihren Brief erhalten habe; aber das ist eben erst gestern gewesen, weil der Brief so lange auf meinem Schreibtisch warten mußte, bis ich von einer längeren Vortragsreise ins Ausland heimkehrte.

Ich verstehe sehr, daß Sie durch die Schwierigkeit, die Sie mir schildern, bedrückt und ratlos sind. Die sogenannte „Sodomie" ist ja eine Abweichung von der „Norm", die sehr selten geworden ist. Der Mensch ist heute nicht mehr allzuoft in der Kindheit und im Entwicklungsalter von Tieren statt von Menschen umgeben, so daß die Versuchung, sich zu Tieren sexuell zu verhalten, einfach nicht mehr so häufig auftritt. Früher, bei den „Hirtenbübchen", gab es diese Schwierigkeit öfter; denn die Voraussetzung zu einem solchen Bedürfnis ist, daß sexuelles Erleben zum *ersten* Mal in Verbindung mit *Tieren* auftritt. Daraus ergibt sich – nach dem Gesetz des bedingten Reflexes – so etwas wie ein unterschwelliger Dauerwunsch nach dem „alten Glück", der rasch wieder aufflammen kann, wenn man mit einem Tier in Berührung kommt.

Ich erkläre Ihnen diese Zusammenhänge so umständlich, damit Sie verstehen, daß die „Sodomie" eine tragische Richtungsänderung in bezug auf sexuelle Wünsche bedeutet, wie es sie in vieler anderer Hinsicht (z. B. bei der Homosexualität oder dem Fetischismus) auch gibt, wie überhaupt viele Zwänge und Dränge des Menschen darauf beruhen, daß lustvolle vitale Bedürfnisse auf eine unübliche *ungewöhnliche* Weise erfüllt werden. Im Grunde gehören viele dieser Schwierigkeiten zunächst in die nüchterne Kategorie der „Ersatzbefriedigungen" – werden aber nur allzuleicht zu einem quälend vorherrschenden Drang.

Viele Laien schätzen solche Nöte nun aber begreiflicherweise aus Unkenntnis der Zusammenhänge falsch ein. Sie erleben die Schwierigkeiten als „Schande“, weil sie von der Umwelt, die sich nach einer gesellschaftlichen Norm ausrichtet, geächtet werden. Zwar hat diese kollektive Ablehnung eine gewisse biologische Berechtigung: die Ächtung bewirkt hier und da doch eine Abschreckung, die im Dienst des Überlebens der Gesellschaft steht, wird aber dem Menschen, der mit einer solchen Schwierigkeit kämpft, nicht gerecht; denn er ist ein Leidender. Und es ist eine Frage des eigenen Standpunktes, ob man ihn für einen Kranken oder für einen Sünder hält. Das eine wie das andere ist wahr, genauso wie es wahr ist, daß wir selbst ganz gewiß *auch* Sünder sind (in irgendeiner Hinsicht immer), daß wir alle in irgendeiner Hinsicht unsere „kranke“ Seelenverbiegung haben.

Der langen Rede kurzer Sinn: Ich möchte Ihnen gern tröstend und helfend sagen: Bitte identifizieren Sie sich nicht mit einer äußeren Normvorschrift, mit der (aus kollektivem Selbsterhaltungstrieb) eine „Ab-Normität“ zur „Unmoral“ erklärt wird! Halten Sie Ihren Mann nicht für ausstoßungs*wert!* Er ist es nicht mehr, als wir in diesem Sinne alle ausstoßungswert wären. Aber so wenig liebenswert ist vermutlich keiner von uns.

Ob Sie mir wohl soweit folgen möchten? Ich kann mir vorstellen, daß Sie jetzt antworten: Gut, ich will das auf der Basis einer Einstellungsänderung versuchen, damit ist mir das Zusammenleben vielleicht wieder möglich, aber das Problem ist doch nicht gelöst: Ich fühle mich als Partnerin tief entehrt – ich fühle mich gewissermaßen mit auf die Stufe des Tieres gestellt.

Ich wage, Ihnen eine solche Antwort zu unterstellen, weil aus vielen Worten Ihres Briefes dieses hervorgeht: eine höchst verständliche, tief aufwühlende Gekränktheit. Und ich sehe auch ein, daß dieses Ihr Gefühl eine erhebliche Gefahr für Ihre Beziehung, ja für Ihre Ehe bedeutet. Dies tut es um so mehr, als Ihr Partner Ihre Gekränktheit nicht im mindesten verstehen wird; denn – dies darf ich wohl aufgrund der vielen

Gespräche mit Menschen, die ähnlich gelagerte Schwierigkeiten hatten, sagen: *Er* empfindet das keineswegs so. Zwar hat er Schuldgefühle, weil er es als Versagen erlebt, daß er der Versuchung nicht widerstand, auch Schuldgefühle gegen Sie, weil er das vage Gefühl hat, Sie hintergangen zu haben; aber *er* stellt Sie eben keineswegs auf die gleiche Stufe wie ein Tier. Er erlebt das Problem nicht anders als ein Mensch, dem die Ehefrau vor dem Wirtshausabend gesagt hat: Aber bitte laß die harten Sachen – und er dann doch wieder vom Bier auf Cognac umgestiegen ist. Keiner käme auf die Idee, zu behaupten, daß dieser Mann die Ehefrau auf die gleiche Stufe wie die Schnapsflasche stelle. Mit ebensowenig Berechtigung könnte man das behaupten wie bei den sexuellen Spielereien am Hund. Nein, diese Tat hat im Grunde nicht das geringste mit Ihnen als Sexualpartnerin zu tun. Es handelt sich um eine alte „Fixierung", eine Unwiderstehlichkeit, die mit der Liebe zu Ihnen als Person und als Partnerin nichts zu tun hat. Im Gegenteil: Daß Ihr Mann Ihnen die „Versuche mit Tieren", zu denen er vermutlich ja sogar durch einen kontaktgestörten Kameraden verführt worden ist, gesteht, zeigt sein großes Vertrauen zu Ihnen, zeigt auch, daß er hofft, Sie würden das mit hineinnehmen können in Ihr Lieben. Dabei bedachte er aber nicht, wie sehr die kollektive Norm unser Werten mitbestimmt, er bedachte vermutlich auch nicht, wie empfindlich wir Frauen grundsätzlich in Hinblick auf fremde „Sexualobjekte" reagieren. Sexualität ist für uns Frauen etwas anderes als Fondueessen – was Männer keineswegs selbstverständlich verstehen! Wir wollen den Ehemann nicht mit irgend etwas anderem teilen – wir geraten dann ohne alle Reflexion in Angst, Abscheu, Ekel und berechtigten Widerstand. Dennoch wird der gemeinsame Kampf gegen eine Versuchung, die immer wieder wie ein Sog auftreten kann, nur gelingen, wenn wir unserem Partner mit Wissen um die Zusammenhänge und mit verstehender Bemühung zu helfen versuchen.

Dazu muß das Problem als erstes einmal auf den Tisch. Freilich geht das nur unter der Voraussetzung, daß man *jeden*

Vorwurf vermeidet (er macht es nur gefährlicher), ja daß man zunächst sehr schont und das eigene Leiden völlig zurückstellt, statt dessen nur das Nachdenken über die Not des Mannes an den Anfang des Gespräches stellt. Denn ein Mensch kann noch so drang- und lustvoll eine „perverse" Handlung vollziehen – hinterher fühlt er sich dennoch wenig gut, spürt (ob er will oder nicht), daß sein Verhalten falsch war, und gelobt sich selbst mit „zusammengebissenen Zähnen", dergleichen nicht wieder zu tun. Aber da der Weg zur Hölle mit guten Vorsätzen gepflastert ist, sitzt der „Rückfall" gewissermaßen schon mit vor der Tür. Das ist eine bittere Qual, die das Selbstwertgefühl bis zum totalen Nullpunkt, ja bis zur Depression und zu Selbstmordgedanken mindern kann. Viele der Bemühungen heute, Perversionen schlicht zu einer „Normalität" zu *machen,* sie gewissermaßen zu Spielarten der „gesunden", *nur eben* vielfältigen menschlichen Natur zu erklären, gehören in die Kategorie der dumpf unbewußten Bemühungen der Propagierer, mit ihren eigenen Unlust- und Schuldgefühlen fertig zu werden. Man tut rasch einmal so, als ob der Unmut über die eigene Handlung *nur* durch die gesellschaftliche Ächtung entstanden sei. Man glaubt deshalb, die Not los zu sein, wenn man die Ächtung auflöst! Das ist aber nicht der Fall. Sie hat eine viel tiefere Ursache. Unmut über sich selbst taucht bei jedem Menschen auf, der von dem Weg abweicht, der den Einklang mit seiner Bestimmung als Mensch gewährt. Unser Gewissen ist unser eingebauter Zensor, der uns den richtigen oder falschen Weg über unsere positiven oder negativen Gefühle zumorst. Und weil die Abweicher sich einsam und elend fühlen, haben sie auch das permanente Bedürfnis, andere mit auf die „abweichende" Fährte zu locken: Sie fühlen sich in der Gemeinschaft mehrerer dann nicht mehr gar *so* schlecht! Auf diesem Weg vermutlich hat Ihr Mann seinen tragischen Drang erworben! (Deshalb mindern wir die Nöte dieser Art auch keineswegs dadurch, daß wir Verführer Minderjähriger *nicht mehr* unter Strafe stellen – im Gegenteil.)

Liebe Frau A.: Es ist unumgänglich, daß Sie diese Hintergründe so genau wie möglich kennen und verstehen (auch Ihnen hätte – auf andere Weise – im Jugendalter Verführung geschehen können!). Nur eine solche Haltung, die sich alles Verurteilen des Partners verbietet, ist der Einstieg, um gemeinsam die Schwierigkeit anzugehen. Im zweiten, am besten wohl erst zu einem späteren Zeitpunkt stattfindenden Gesprächsgang können Sie auch von Ihren eigenen Gefühlen sprechen, von Ihrem gefühlsmäßigen Anspruch auf sexuelle Ausschließlichkeit in der Ehe. Das wird aber nur gelingen, wenn Ihr Mann Sie als eine Verstehende und selbstlose Helferin bei der Überwindung seiner Schwierigkeit erleben kann. Mit all diesen Verhaftungen ist es genauso wie bei der Alkoholsucht: Die Versuchungssituationen und Wiederholungen müssen soviel wie möglich vermieden werden – auch wenn das Berufsumschulung bedeuten würde! Nur wer nicht wieder in die falsche Richtung schaut, kann (oft mühsam genug) das Umkehren lernen; dabei gilt es, auch mit durchzuhalten, wenn ein Rückfall eintritt. Beichten solcher Art sollen niemals Anlaß zu zornigen Tränen, zu Hoffnungslosigkeit und Verzagtheit geben, sondern immer zur Freude über das Vertrauen, zu neuem Ermutigen und Beratschlagen – auf dem Boden aller Trauer. Zu solchen Bemühungen gehört es auch, daß man auf die Haltung größerer Haustiere verzichtet.

Ich weiß, daß solche Wege schwer sind, aber wenn wir unsere Nächsten *wirklich* lieben wie uns selbst (uns, denen wir doch recht gern verzeihen), läßt sich solche Not überwinden – unter der Voraussetzung freilich, daß Ihr Partner sehr aktiv mit von der Partie ist.

*Ihre C. M.*

# Um inzestuöse Wünsche

Sehr geehrte Frau Meves!

Für Ihren Brief möchte ich Ihnen recht herzlich danken. Er gibt mir den Mut, mich nochmals an Sie zu wenden.

Heute morgen erzählte mir mein Mann, daß ihm das Problem mit unserer Tochter, die zehn Jahre alt ist, wieder sehr stark zugesetzt habe. Schon als sie noch klein war, fühlte er sich von ihr von Zeit zu Zeit stark sexuell erregt. In den Ferien, die wir mit unseren vier Kindern gemeinsam in Italien verbrachten, hatte er auch tageweise damit zu kämpfen. Er spielte gern mit den Kindern im Wasser, es war für ihn eine große Freude, mit den Kindern herumzutollen. Ich ging meist schon eher aus dem Wasser, weil er sich nur noch unserer Tochter zuwandte. Ich machte ihm dann Vorwürfe, daß er sie mir ganz entfremdet. Ich konnte mich ihr dann gar nicht richtig zuwenden. Ich habe dann große Sorge um sie und bin sicher auch eifersüchtig. Das ist bestimmt eine ganz falsche Reaktion. Für mich ist es so fremd, daß der Vater von seiner Tochter sexuell erregt wird.

Am letzten Dienstag war er wieder einmal durch sie sexuell erregt. Erst heute morgen erzählte er mir davon. Er quält sich mit Selbstvorwürfen und hätte es mir nicht eher erzählt, weil ich dann glauben würde, daß das ständig bei ihm so wäre, wenn er mit ihr spricht oder etwas anderes tut. Mein Mann fragt sich, und ich frage mich auch, wie das weitergehen soll, wenn sie sich körperlich entwickelt. Meine gute Stimmung ist vollkommen zunichte, ich möchte nur weinen.

Für einen guten Rat wäre ich Ihnen sehr dankbar. Ich weiß einfach nicht, wie ich mich verhalten soll und wie ich meinem Mann helfen kann.

Herzliche Grüße *Ihre B. E.*

Liebe Frau E.,

ich kann mir wohl vorstellen, daß Ihnen das Problem Ihres Mannes unheimlich ist und daß Sie Angst vor der Zukunft bekommen. Dennoch glaube ich, daß Ihre Lage keineswegs hoffnungslos ist; im Gegenteil: Um Ihnen das zu verdeutlichen, muß ich ein wenig weiter ausholen. Es ist nicht ungewöhnlich und pathologisch, daß Eltern ihren gegengeschlechtlichen Kindern gegenüber sexuell betonte Zuneigungen haben. Auch die Eifersucht der Väter gegen die von ihren Müttern so übersteigert geliebten Söhne ist oft durchaus berechtigt, um so mehr als auch von den Kindern in der Phase der Vorprägung für die sexuelle Objektwahl, die man seit der Entdeckung durch Freud die ödipale Phase nennt, unbewußte Tendenzen dieser Art ausgehen können, so daß die Väter von ihren Töchtern, die Mütter von ihren Söhnen geradezu zu einer solchen Neigung stimuliert werden können. Wenn das nicht so wäre, wäre das sogenannte Inzesttabu, das Verbot des sexuellen Umgangs zwischen Eltern und Kindern, das es durchgängig in allen Gesellschaften der Art Mensch gibt, eine völlig unsinnige und überflüssige Maßnahme. Aber gerade sein so durchgängiges Vorhandensein ist ein Beweis seiner Notwendigkeit, ein Beweis, daß Gefahren dieser Art realiter bei vielen Menschen und in vielen Familiengemeinschaften bestehen. Das Ungewöhnliche und im Grunde auch Erfreuliche besteht in Ihrem Fall darin, daß Ihr Mann sich seiner Neigung ganz bewußt ist. Das geschieht in den seltensten Fällen, wo ähnliche Neigungen aufkommen. Der Impuls wird – berechtigterweise – verworfen und dann aus Scham verdrängt, das heißt vergessen. Man kann aber einer Gefahr sehenden Auges viel besser begegnen. Kindesmißbrauch durch Väter ist in allen Fällen, die ich in meiner Praxis sah, darauf zurückzuführen, daß – oft unter Alkoholeinfluß und in einer Versuchungssituation – der sexuelle Impuls, alle Steuerung durchbrechend, sich gewissermaßen verselbständigt. Solche Väter stehen später ihren Taten ganz fremd gegenüber. Sie verstehen sich selbst nicht mehr – das aber ist eine Folge ihrer Vogel-Strauß-Politik: Durch die Verdrängung waren sie nicht in der Lage, rechtzeitig wachsame und verantwortungsbewußte Gegenmaßnahmen gegen den Drang zu entwickeln. Deshalb sollten Sie und Ihr Mann nicht traurig sein, denn Sie sind im Grunde in einer besseren Lage. Sie können planvoll aktiv werden und gemeinsam gegen die Not zu Felde ziehen. Am Anfang muß eine klare Einsicht in die Erkenntnis stehen, daß der kleinen Tochter eine erotisch überhitzte Beziehung zum Vater nicht bekommt. Sie bindet das Mädchen zu sehr an ihn, so daß es später auf der Suche nach einem Partner blockiert werden könnte. Mädchen, die von ihren Vätern mißbraucht wurden, haben später oft sehr traurige Lebensgeschichten, viele gehen in die Promiskuität, manchmal sogar in die Prostitution, und zwar oft mit einem bösen Bedürfnis nach Rache, einem Hang nach Selbstzerstörung unter dem Motto: „Gekränkte Liebe ist mein Zorn."

Es ist also wichtig, ohne erhobenen Zeigefinger klar ins Bewußtsein zu nehmen, wie sehr man der Tochter für ihre Zukunft Schaden zufügen würde, wenn man dem Impuls weiter nachgäbe. (Abgesehen davon, ist die sogenannte „Blutschande" auch heute, mit Recht, immer noch strafbar.)

Der nächste Schritt sollte heißen, daß man jegliche Versuchungssituation meidet: keine gemeinsamen Schmusestunden mehr am Sonntagmorgen im Ehebett, keine gemeinsame Badewannerei von Vater und Tochter, getrenntes An- und Auskleiden. Als drittes sollte man die eheliche Beziehung intensivieren. Ein Mann, der so viel Vertrauen zu seiner Frau hat wie der Ihre, wird auch seine (vielleicht besonderen?) Wünsche im sexuellen Bereich ihr gegenüber artikulieren können.

Von großer Wichtigkeit ist es, daß die Ehefrau sich nicht in ihrer Gekränktheit festbeißt, dem Mann fortgesetzt Vorwürfe macht und sich chronisch beleidigt auf das Problem fixiert. Die Eifersucht gegen die junge Neuausgabe Tochter ist zwar durchaus berechtigt, aber man sollte diesen Stachel nutzen und um den geliebten Mann kämpfen. Wenn wir uns

Mühe geben, können wir unsere Männer doch auch erotisch fesseln, durch unser Anziehendsein beglücken und anregen. Hingegen werden wir abstoßend, wenn wir als verleiblichter Vorwurf sauertöpfig in der Szene sitzen.

Das Verwerfen und Moralisieren schadet in solchen Fällen. Wir haben allen Grund, im Wissen um die eigenen Schwächen die Schwächen unserer Nächsten zu verstehen und sie in ein gemeinsames Nachdenken zu geben. Das schafft Gemeinsamkeit und hilft, mit den Problemen in Fairneß und Souveränität fertig zu werden.

*Ihre C. M.*

# Fragen sexueller Beziehungen zwischen Frauen

Sehr geehrte Frau Meves,

durch eine Freundin hörte und las ich von Ihnen. Ich habe ein besonderes Anliegen, das ich mit einem gläubigen, fremden und einem Menschen beraten möchte, der dafür zuständig ist. Ich bin 30 Jahre im kirchlichen Dienst, 49 Jahre alt. Vor 9 Jahren etwa wurde mir ein junges Mädchen anvertraut. Sie war rauschgiftsüchtig, gehörte zu einer Gruppe, hatte sich mit ihrem Blut dem Teufel verschrieben. Sie hing sehr an mir, weil sie meine Liebe spürte. Ein Internist von hier machte eine Entziehungskur mit ihr, wobei ich bei ihr blieb. Sie verlangte in dieser Zeit, zu mir ins Bett zu kommen. Es wurde ihr nach anfänglichem Widerstand von der Direktorin gewährt. Alle Mittel hatten sie nicht wirklich zur Ruhe gebracht, aber als sie meine Nähe spürte, schlief sie *sofort* ein. So ist es geblieben. Wenn sie in meinen Armen liegt oder von mir umfangen wird, schläft sie sofort ein und fühlt sich wohl sehr geborgen. Sie sagte „Mumei". Auch das blieb bis heute. So sieht sie mich, und ich sehe sie als mein Kind. Mechthild kommt aus einem schwierigen Zuhause; ihr Vater ist ein Tyrann. Vom Rauschgift ist sie lange frei. Sie hatte auch innere Erlebnisse, wurde getauft, liest die Bibel. Nun das Problem:

Während ihrer Entziehungskur (wir schliefen 10 Tage zusammen) hatte sie einmal eine starke sexuelle Not. Sie wollte sich mit einer Stecknadel die Pulsadern öffnen. Dazu kam es nicht, aber zu meiner Bereitschaft, ihr zu helfen. Sie kann sich nicht selbst befriedigen, so versuchte ich es aus der Not heraus, was aber nur zum Teil gelang. Mechthild blieb in meiner Betreuung. Zwischendurch setzte ich mich immer wieder einmal damit auseinander, daß sie einerseits das Kind ist, sehr liebebedürftig, auch nachholbedürftig – im vorigen Jahr bekam sie von mir die erste Puppe –, andererseits ich aber auch meinte, sie ist in einem Alter (jetzt 23), wo sie sich auch nach der Mannesliebe sehnt und ihr vieles Küssen und Umarmen mich hin und her riß. Zwischendurch machte ich den Versuch, mich mehr zu distanzieren, aber es gelang nicht. Zwischendurch hatte sie Verbindung mit Männern. Von einem Schwarzen war sie schwanger geworden. Das Kind wurde nicht ausgetragen, weil Ärzte zur Abtreibung rieten und sie befürworteten. Das ging legal zu. Sie hatte auch mit einem verheirateten Mann sexuelle Beziehungen. Nun brauchte sie Hilfe. Ich begriff ihre Not, dachte an den verheirateten Mann und war bereit, ihr zu helfen. Ich tat es, weil sie sich nicht selbst befriedigen kann. Von mir kann ich sagen, daß ich keine Beziehungen zu Männern hatte, daß ich nicht lesbisch veranlagt bin, daß ich aber ein warmes Herz habe; ich habe sehr viel Liebe in meiner Kindheit empfangen. Als ich 2 bis 3 Jahre oder etwas älter war, habe ich mich durch Betätigung an der Klitoris befriedigt. Das blieb und hat mir sehr viel Gewissenskonflikte gebracht. Jetzt habe ich keine Bedürfnisse oder Nöte mehr. Wenn ich Mechthild helfe, komme ich hin und wieder zur Erregung. Wie gesagt, ich half ihr, weil sie sich nicht selbst helfen konnte; und ich verstand sie, weil ich Parallelen sah zu mir, und vor allem dachte ich an die Sünde des Ehebruchs. Nun möchte ich gern wissen von Ihnen: Ist das recht, was ich getan habe? Ist es eine lesbische Beziehung, auch wenn ich ihr nur helfe damit? Oder ist es Unrecht vor Gott, und muß ich es sein lassen auf die Gefahr hin, daß sie unrechte Männer hat? Sie sehnt sich nach einem Mann, aber noch ist nicht der Richtige gekommen. Fest steht, *ich* habe ihr die Hilfe angeboten, sie kann nicht dafür.

Nun zur zweiten Not: Wir sehen uns jeden Tag. Sie erzählt mir alles, ich teile alle Not mit ihr, bin zum Letzten bereit. Meine Kollegen heißen die intensive Beziehung nicht gut und haben es Mechthild spüren lassen, daß sie unerwünscht ist. Meine Angehörigen, entschiedene Christen, haben sich innerlich von mir getrennt. Ich möchte dienen, aber richtig. Das Mutter-Kind-Verhältnis hinkt natürlich. Sie nimmt mich sehr in Anspruch, hat außer mir keine Verbindungen. Sie hat Angst vor Menschen, weil sie in allen Menschen ihre Feinde erblickt, die uns trennen wollen. Dabei braucht sie auch junge Menschen. Ich gehe fast ganz auf in ihrer Welt, so daß ich zu wenig Zeit für mich habe, für meine Mitarbeiter, zum Lesen. Ich bin wirklich in eine Sackgasse geraten. Heiligabend *muß* ich mit ihr feiern. Ebenso ist es Silvester. Vor einigen Monaten wurde ich vor die Entscheidung gestellt, meinen Posten abzugeben, obwohl ich ihn mit Leib und Seele durchführe. Und immer wieder sage ich mir, wenn etwas falsch gelaufen ist, bin *ich* schuld daran.

Welchen Rat können Sie mir geben? Ich habe alles offen dargelegt. Ich brauche Rat von einem Menschen, der beide sieht, nicht nur mich! In der Hoffnung, mit diesem Brief richtig gehandelt zu haben, grüße ich Sie!

*M. K.*

Liebe Frau K.!

Sie schreiben mir einen Brief in großer Angst und Not – ich verstehe sehr, wie gepeinigt man ist, wenn man das absolute Unverständnis seiner Umwelt zu spüren bekommt. Sicher haben Sie durch Ihre Liebe Ihrem Schützling die entscheidende Kraft zum Leben gegeben, und sicher ist es auch gut, daß Sie ihm eine lange Zeit hindurch die totale mütterliche Wärme und Nähe geschenkt haben, so daß das Mädchen aus der Sucht herauskommen konnte. (Sucht ist der Ersatz für die veruntreute Mutter.) Ohne eine nachholende Mutter-Kind-Beziehung hätte Ihr Schützling das sicher nicht geschafft. Und deswegen haben Sie vermutlich recht, wenn Sie sagen, daß es kein gangbarer Weg wäre, wenn Sie die Beziehung abbrächen. So ein Mensch muß gewiß bis an sein Lebensende spüren, daß er eine treue Ersatzmutter gefunden hat. Aber eins bitte ich Sie zu bedenken: Auch die Nach-Entwicklung eines Menschen muß *vorwärts*gehen! Auch bereits ein leibliches Kind sollte jenseits der 10jährigkeit nicht mehr bei seiner Mutter im Bett schlafen, sonst wird die Verbindung zu eng, und die Weiterentwicklung stagniert. Der Mensch bleibt dann teilweise infantil und abhängig, und das darf eine echt gute Mutter nicht wollen! Deshalb sollte Ihr *großes* Kind allmählich aus dieser Schlafgewohnheit gelöst werden. Bleiben Sie zunächst noch eine Zeitlang in einem anderen Bett des Nachts im gleichen Raum; schlafen Sie, wenn sich das eingespielt hat, mit offener Tür nebenan, und besorgen Sie dann vielleicht sogar ein Zimmer außerhalb Ihrer eigenen Häuslichkeit, damit die Ablösung – ohne Trennung! – allmählich geschehen kann. Eine 23jährige junge Frau hat ja – wie Sie sehr richtig schreiben – das Bedürfnis und die Aufgabe, auf einen Partner zuzuwachsen. Das kann (und darf) ihr die Mutter nicht abnehmen, sonst verstellt sie den Weg dorthin. Ein sehr enger körperlicher Kontakt wie Ihre Bettgemeinschaft weckt bei einem jungen geschlechtsreifen Mädchen natürlicherweise das Bedürfnis auch nach sexueller Befriedigung; aber es ist gefährlich, wenn sie das durch die Reizung der Klitoris erfährt! Die Lustgefühle, die auf diese Weise entstehen, bahnen das Bedürfnis nach Lust von der immer gleichen Art und können abermals den Weg zum Mann verstellen (weil später der sexuelle Kontakt mit ihm als *weniger* beglückend erlebt wird). Die Klitoris ist nämlich ein *viel* reizempfindlicheres Organ als die Vagina und deshalb bedeutet die Vorprägung zur Onanie, ja gar noch durch eine *Frau!*, die diese Lust auslöst, eine Bahnung, die den eigentlichen Weg u. U. verstellen kann.

Liebe Frau K. – die Bedürfnisse Ihres Schützlings und Ihre Reaktion sind zwar absolut verständlich, und dennoch ist es gewiß aus *Liebe* nötig, daß Sie sich darin zurücknehmen. Freilich müssen Sie Ihrem Schützling erklären warum, eben daß das aus *Liebe* geschieht. Die echte, die christliche Liebe ist ja keineswegs immer gleich dem Geschenk von Triebbefriedigung. Wirklich humane Liebe kann auch eine *Forderung* enthalten, ja kann Einschränkung und Zucht um der harmonischen Fortentwicklung des anderen bedeuten. Deshalb mit Recht *befiehlt* uns Christus die Liebe (Du *sollst* lieben, sagt er).

Ich glaube aber, daß Sie Ihr Problem erst vollständig werden lösen können, wenn Sie sich selbst noch besser verstehen lernen. Ihre Vorgeschichte – der frühe Beginn der Selbstbefriedigung – zeigt, daß Sie selbst Wärme und Zärtlichkeit entbehrten. Kinder, die darin Mangel haben, entdecken erfahrungsgemäß sehr viel früher, längst vor der Pubertät, die erogenen Körperzonen und erleben, daß Sie sich angenehme Gefühle machen können. Je weniger die Umwelt den Kindern altersentsprechende Freude vermittelt, um so mehr gewöhnen sich die entbehrenden Kinder an solche Praktiken. Das ist erst dann bedenklich, wenn die geistigen und physischen Kräfte auf diese Weise voll aufgesogen werden – und: es ist beim *weiblichen* Geschlecht eine bedenklich unangemessene Vorübung für eine heterosexuelle Beziehung im Erwachsenenalter. In Ihrem Leben ist die ja auch nicht bestimmend geworden, sondern Sie haben Ihre Liebeskraft in den Dienst hilfsbedürftiger Menschen gestellt – dieser Dienst hat Sie dann auch das Symptom des kindlichen Mangels, die Onanie, überwinden lassen. Sie müssen aber wissen, daß jeder liebesfähige erwachsene Mensch doch seine Erwartung nach einer leiblichen Partnerschaft in der Tiefe seiner Seele behält! Und wenn man täglich neu mit einem erwachsenen Menschen schlafen geht, so erwachen diese Bedürfnisse geradezu automatisch! Unsere Seele wartet ja auf die leibliche Kommunikation mit einem Partner! Und das geht Ihrer voll ausgewachsenen kleinen „Baby-Tochter“ nicht anders! Sie haben diesem Bedürfnis nun zwar keinen Raum gegeben; deshalb weisen Sie mit Empörung die Unterstellungen Ihrer Umwelt zurück – und dennoch hat Ihr Unbewußtes sich durchgesetzt. (Das zeigt auch die Erregung, von der Sie so ehrlich schreiben!) Sie müssen aber wissen, daß Ihnen unversehens Ihr *eigenes* Bedürfnis nach einer leiblichen Liebesbeziehung in Ihre Mutter-Kind-Beziehung hineingerutscht ist und sich mit ihr vermischt hat.

Darüber hinaus: Es ist eine häufig vorgetragene Fehlvorstellung, daß wir Frauen einen ähnlich autonomen Drang nach sexueller Triebbefriedigung haben wie die Männer. Eine Frau sehnt sich primär nach der vollständigen Geborgenheit und Umfangenheit durch den Partner, und das erst weckt ihr Bedürfnis nach sexueller Kommunikation – keineswegs aber im Grunde das nach Onanie! Insofern haben Sie auf dem Boden Ihrer Vorerfahrung, die ja durch die Gewöhnung auch sekundär neu das Bedürfnis nach Wiederholung weckt, Ihren Schützling auf ein falsches Gleis gesetzt. Da muß also dringend rangiert werden. Sie fragen, ob eine solche selbstlose Bemühung um Entlastung des anderen denn Sünde sein kann. *Selbst*lose Entlastung *kann* Sünde sein, und zwar dann, wenn sie den anderen von seiner Bestimmung und Zielfindung wegbringt. Aber, wie Sie an Ihrer Reaktion sehen, ist das, was wir selbstlos zu tun meinen, keineswegs durchgängig so selbstlos, wie es uns zunächst scheint. Die Schlange kommt für uns Frauen ja nicht von vorn, weiß die Bibel. Sie sticht uns in die *Ferse!*

Aber ich glaube, daß wir die Entwirrung all der verschiedenen Hintergründe letztlich nur zustande bekommen, wenn wir uns – auch unsere Sehnsucht nach körperlicher Nähe – eingestehen und als eine Not zu Gott hinauftragen. Wenn wir IHN bitten, uns anzunehmen und uns die Spannung und Sehnsucht zu nehmen, beschenkt er uns mit der Kraft, diese Sehnsucht zu verwandeln in Liebe für ihn, und dieser Weg ist ja bereits als Schicksal für Sie gewählt worden! Wir dürfen Gott *leidenschaftlich* lieben, und wenn wir das tun, beschenkt er uns mit Kraft und Fülle, die wir täglich im Dienst für die anderen verströmen dürfen.

*Ihre C. M.*

# Um eine verschlingende Liebe

Sehr geehrte Frau Meves,

heute muß ich einfach an Sie schreiben, denn Sie als Fachmann können mir bestimmt raten, und vor allem können Sie mir sagen, ob ich richtig gehandelt habe oder nicht. Sie wissen, daß ich auf Ihr Urteil den größten Wert lege, und darum will ich mich jetzt nicht so lange mit der Vorrede aufhalten und zum Thema meiner Alpträume kommen.

Wenn ich mich nicht irre, so vermuten Sie schon, um was es sich handelt, denn ich hatte bei unserem ersten Besuch und dann auch bei unserem Treffen hier das Gefühl, daß Sie ahnen, wo der Schuh drückt. Es geht um Frau X. und um unsere Freundschaft. Wir hatten seit Jahren eine schöne Freundschaft, fuhren zusammen spazieren und einkaufen. Das Band unserer Freundschaft wurde immer fester. Ich machte zu Geburts- und Festtagen Gedichte und Bänder, und sie freute sich immer sehr darüber. Ich sonnte mich in ihrer Freude und ihrem Lob, hatte ich es bis dahin doch nie in meinem Leben kennengelernt. Dies ließ mich wohl auch geflissentlich die Gefahr übersehen, die dahinter lauerte.

Es ergab sich, daß Frau X. von meiner Einstellung zu Gott erfuhr, und ich war darüber sehr glücklich, daß ich endlich jemanden hatte, der mir zuhörte, mich verstand und so wißbegierig war. Wir hatten herrliche Stunden im Gespräch über Gott und Philosophie, und ich glaubte mich ausersehen, Frau X. den wahren Glauben vermitteln zu dürfen.

Sie wurde mit der Zeit aber immer besitzergreifender und wachte mit Argusaugen über mich und meine Zeit, und so kam es, daß ich mehr bei ihr als in meiner eigenen Wohnung war. Entzog ich mich, so war sie sofort tieftraurig, und die Familie bekam es zu spüren. Ich saß also gewissermaßen in der Zwickmühle, denn es belastete mich sehr, wenn ich wußte, daß die Familie, vor allem aber der Ehemann, darunter leiden mußte, und so ließ ich mich immer wieder beschwatzen und tat ihr den Willen, viel bei ihr zu sein. Dann war sie glücklich und konnte gar nicht genug des Guten tun.

Es kam dann zweimal zu größeren Ärgernissen, weil sie meine Freiheit zu sehr beschnitt und auf alles und jedes eifersüchtig war. Immer wieder schrieb ich ihr ellenlange Episteln über Ehe und Familie, über Freundschaft und Gott, machte ihr Fehlverhalten klar, und sie versprach mir immer wieder Besserung, sah alles ein – aber es blieb beim alten.

Ich weihte ihren Mann ein und gab ihm Ratschläge, wie er sich ihr gegenüber verhalten solle; aber er hatte Angst, sie zu verlieren, ihr weh zu tun, und gab daher nur zu schnell auf.

Wir waren zusammen in Athen und hatten wirklich herrliche, tiefergreifende Erlebnisse. Sie lernte durch mich Kunst kennen und schätzen, ich führte sie in die Welt der Oper ein, und es war jedesmal ein Erlebnis, wenn ich sah, wie ergriffen sie war, und ich dachte immer wieder: du darfst sie nicht fallenlassen, sie braucht dich, und du bist stark genug, damit fertig zu werden.

Auch mit Herrn X. verband mich nun eine große Freundschaft; aber er verstand darunter, was man unter echter Freundschaft zu verstehen hat. Sie jedoch wurde immer anspruchsvoller und machte es mir damit immer schwerer. Alle meine Bitten, ja sogar Drohungen und schärfste Anklagen nahm sie hin, weinte und flehte, ich solle sie nicht hängenlassen, gelobte Besserung, und es ging so weiter.

Zuletzt war es so weit, daß ich montags, dienstags, mittwochs und freitags und dann meist noch an den Wochenenden bei ihnen war. Ihre Verehrung wurde schon langsam zur Hysterie, und ich stand allein auf weiter Flur. Mit meinem Mann konnte und wollte ich nicht reden, und Herr X. tat mir zu leid. So wand ich mich wie ein Wurm durch ihre allumfassende, besitzergreifende Liebe und hatte einfach nicht die Kraft zum endgültigen Bruch. Außerdem fühlte ich auch eine sehr große Verantwortung ihr gegenüber und nahm dann immer den Kampf auf, bei dem sie aber meist Sieger blieb.

Bitte sagen Sie mir, was ich Besseres tun kann. Besteht wirklich die Möglichkeit, daß Frau X. eine lesbische Veranlagung hat, und wenn ja, was ist dagegen zu tun? Normal ist doch ein solches Verhalten nicht. Kann es denn wirklich wahr sein, daß es bei ihr zu solchen Wünschen gekommen ist? Wir haben doch immer nur von Gott, Philosophie und Psychologie gesprochen, und selbst als wir in Athen waren und ja auch zusammen schliefen, kam es nie zu Berührungen solcher Art. Ich bin ganz verzweifelt und weiß nicht mehr ein noch aus. Zwar bin ich äußerlich ganz ruhig und gefaßt, aber innerlich doch sehr beunruhigt, denn ein eifersüchtiger Mann kann einem nicht mehr die Freiheit beschneiden und das Leben verbittern, wie sie es in der letzten Zeit getan hat. Was mich peinigt, ist die Frage nach meiner Schuld. Habe ich ihr zu viel zugemutet, habe ich sie, wenn auch ungewollt, zu stark animiert, habe ich mich nicht genug gegen ihre Verehrung zur Wehr gesetzt? Das sind die Fragen, die mich unheimlich bedrücken – denn gewollt habe ich das alles nicht, das müssen Sie mir glauben.

Ich danke Ihnen erstmal für alles und verbleibe mit den besten Grüßen und Wünschen

*Ihre I.T.*

Liebe Frau T.,

Ihr langer Brief hat mich nicht überrascht in bezug auf das, was Sie darin berichten – aber mich hat das Vertrauen gefreut, das Sie mir dadurch erweisen, daß Sie die Dinge vor mir ausbreiten.

Bitte lassen Sie mich Ihnen eines sagen dürfen: Haben Sie keine Furcht vor sog. „lesbischen“ Neigungen Ihrer Freundin. Dieses Etikett ist ein böses Wort, das eigentlich nichts erklärt. Der eigentlichen Not Ihrer Freundin wird man viel mehr gerecht, wenn man erkennt, daß sie einen großen, großen berechtigten Hunger nach geistiger Anregung und Vertiefung hat, zweitens daß diese geistige Seite der Liebe von ihrem Mann offenbar nicht befriedigt werden kann und drittens daß auch ihr Bedürfnis nach Zärtlichkeit und Eros in ihrer Ehe nicht satt wird. So vermischt sich beides miteinander und hat in Ihnen ein „liebenswürdiges" Objekt gefunden! Es hat keinen Sinn, einen Menschen auf der Suche nach Liebe und Geist mit Pfui-Geschrei zurückzustoßen. Man muß ihn liebevoll unterscheiden lehren, was möglich und was unmöglich ist. Man muß dem bedrängten Menschen deutlich machen, was das Wesen Ihrer Freundschaft ausmacht: gemeinsam geistige Interessen zu pflegen; daß darin ein Stück Sinnerfüllung Ihres Lebens liegt, daß diese Gemeinsamkeit auch zu echter Liebe im Sinne der griechischen Agape berechtigt, daß aber der Besitzanspruch, vermischt mit den erotischen Bedürfnissen einer Frau nach einem Mann, Ihrer Beziehung schadet, weil Sie sie nicht erfüllen können und dürfen. Der Leidende muß wissen, daß Bedürftigkeit leicht bewirkt, daß man den, der sie erfüllt, vergötzt und überbeansprucht.

Wenn man sich dieser Nöte bewußt wird, sie ernst nimmt und gemeinsam zu überwinden sucht, wird die Freundschaft nicht nur erhalten bleiben, sondern in ihrem wesentlichen Kern neu erstrahlen können. Versuchen Sie nach Möglichkeit, den Ehemann ihrer Freundin nicht in diese Problematik mit hineinzuziehen; das erschwert das Durchstehen der Konflikte. Wenn Ihre Freundin erst einmal versteht, daß sie in Ihnen die große Mutter (Natur) und den großen Vater (Geist) in einem sucht, wird sie auch verstehen, warum ihr Gefühl so ungeheuer mächtig ist, und sie wird ihre Projektion verstehen. Wenn Sie *dies* mit aufnehmen, werden Sie gemeinsam als Frauen dem Geist dienen können und sich auch von der schenkbereiten Natur dankbar das geben lassen, was sie uns überschwenglich anbietet. Sie werden gemeinsam wandern, gemeinsam essen, trinken und feiern können, ohne in zerrender Verhaftung aneinander fixiert zu bleiben. Denn Liebe besteht nicht darin, „daß man einander ansieht, sondern daß man gemeinsam in gleicher Richtung blickt", hat Saint-Exupéry gesagt.

*Ihre C. M.*

## Um die Liebe einer ledigen Frau zu ihrem Seelsorger

Sehr geehrte Frau Meves,

als Frauenhilfsmitglied einer Kirchengemeinde möchte ich Sie herzlich grüßen, mich aber gleichzeitig entschuldigen, daß ich Sie anschreibe, welches für Sie betreffs einer Antwort mit Zeitaufwand verbunden ist.

Ich war seinerzeit auf der 75-Jahr-Feier der Frauenhilfe in Dortmund und habe Sie dort referieren hören, und ich war innerlich so angesprochen von Ihrem Vortrag, daß ich spürte, hier ist jemand, der mit dem anderen wirklich mitfühlt, und deshalb habe ich jetzt den Mut, Ihnen zu schreiben.

Da ich inzwischen weiß, daß Sie psychotherapeutisch behandeln, und in Ihren Werken gelesen habe, sind Sie mir eine Partnerin in meinem Problem, das Sie nicht für mich lösen können und sollen – aber ich würde viel Gewicht auf Ihren Ratschlag legen.

Zur besseren Orientierung für Sie, mache ich stichwortartige Angaben über mich:
Name: A. N., 45 Jahre alt, ledig;
Beruf: Krankengymnastin;
Ehe meiner Eltern: schwierig – habe ich selbst bewußt miterleben müssen;
Geschwister: ein jüngerer Bruder, eine ältere Schwester;
mit zehn Jahren Selbstbefriedigung,
mit zwölf Jahren Menses,
mit fünfzehn Jahren Vergewaltigung durch Russen;
von achtzehn bis zweiundzwanzig Jahren Ausbildung zur Krankengymnastin, danach bis heute berufstätig; in den Berufsjahren oft Stellenwechsel, da Arbeitsbelastung nur bis zu einem gewissen Grad möglich. Ungenügendes Selbstver-

trauen. Diese Erkenntnis brachte mich zu häufigen Selbstmordgedanken und isolierte mich. Vom achtundzwanzigsten bis fünfunddreißigsten Lebensjahr war ich in Abständen in psychotherapeutischer Behandlung, davon das erste Mal mit völliger Selbstaufgabe, empfand mich nicht als Mensch, nur noch als Objekt. Mit fünfunddreißig Jahren wieder so weit hergestellt, daß ein Arbeitsversuch nach einjähriger Pause vorgenommen werden konnte, wo ich stundenweise aushalf. Meine berufliche Tätigkeit sagte mir zu, und ich bin bis heute in ihr mit Leib und Seele beschäftigt.

Nun das Problem: Gemeindepfarrer, verheiratet, 42 Jahre alt – nicht der Typ, den ich mir erträumte, aber ansprechend, sozusagen ein Schwarm vieler Frauen und auch meiner.

Nun das direkte Problem: Aufgrund einiger persönlicher Aussagen des Pfarrers, wie „Sie sind mir eine so gute Hilfe; Wie schön, daß es Sie gibt“ usw., wurde ich unsicher: sollte mehr dahinter sein? Ich hatte doch nichts beabsichtigt. Ich wollte eine Aussprache herbeiführen, zu der es aus Zeitmangel lange nicht kam. In einer Bibelstunde habe ich ihn dann angesprochen, und wir kamen in Meinungsverschiedenheiten, die eine Aussprache herbeiführten, aber die nicht so verlaufen ist, wie ich es mir gewünscht hätte. Daß beiderseits gewisse Verbindungen, besonders auf geistlichem Gebiet, da sind, ist klar, aber ich habe mich gewehrt gegen den Gedanken, etwas von ihm zu verlangen, einmal weil er ja gebunden ist, für mich also unerreichbar, und zum zweiten könnte ich mir eine Verbindung weiterer Art aufgrund meiner sexuellen Erfahrungen sowieso nicht vorstellen. Und doch ertappe ich mich, durch gewisse Umstände noch bekräftigt, daß ich nicht mehr ohne einen Gedanken an ihn leben kann. Da wir auch beide sehr naturverbunden sind, finden wir uns in Gedanken gemeinsam. Hinzu kommt, was ich bitte recht verstanden wissen möchte und was nicht als Tadel gilt, daß seine Frau außer einem Jugendkreis kaum am Gemeindeleben teilnimmt. Ich meine nun, daß aus meinem Helfen in der Gemeinde nun auch bei mir etwas mehr geworden ist, und ich frage mich: Ist das Liebe? Gleichzeitig quäle ich mich mit

Vorwürfen und Schuldgefühlen. Aber ich weiß nicht, wie ich dagegen angehen soll. Darf man das nicht: einen Menschen gern haben, sich in Gedanken anlehnen, auch wenn er einem nicht gehört?

*Wie vereinbare ich das mit meinem Glauben an Gott und Christus?* „Du sollst nicht begehren …“ Aber ich weiß, wenn er mich selbst nicht ganz schwer enttäuschen würde, könnte ich nicht von ihm los. Wäre eine direkte Aussprache doch besser? Ich darf mich aber doch als Frau nicht preisgeben. Eine absolute Trennung wage ich nicht, da ich zu sehr mit der Gemeinde verbunden bin und ihn ja dadurch bloßstellen würde.

Ich kann ja nun den Verzicht auf Liebe in meine berufliche Tätigkeit umsetzen, aber man braucht doch ein Erfolgserlebnis – oder nicht? Am meisten ärgere ich mich darüber, daß ich nicht standhaft genug bin, damit fertig zu werden.

Ich weiß nicht, sehr verehrte Frau Meves, ob Sie verstanden haben, was ich meine, man kann so etwas so schlecht formulieren; aber vielleicht können Sie mir doch helfen. Ich bin sonst jetzt ein so glücklicher Mensch durch meine psychische Veränderung – fröhlich, aufgeschlossen, in keiner Weise mehr ängstlich; muß ein Mensch unbedingt durch solche Phasen?

Mit den allerbesten Wünschen für Sie grüßt Sie

*Ihre A. N.*

Liebe A. N.

Sie haben zu mir das Vertrauen, mich in einer sehr intimen Angelegenheit um Rat zu fragen. Ich habe Sie auch gut verstanden, ja ich möchte etwas hinzufügen, was Sie vielleicht in Erstaunen versetzen wird: Daß treue und engagierte Helferinnen in einer Gemeinde in Liebe zu ihrem Pfarrer entbrennen, ist absolut keine Seltenheit, und dieses Phänomen ist tiefenpsychologisch auch durchaus begreiflich. Wenn die

Liebe einer Frau nicht in die Partnerschaft zu einem Ehemann eingebunden ist, geht sie „frei flottierend“, wie es in der Fachsprache heißt, begreiflicherweise auf die Suche. Ihre Sehnsucht heftet sich nun ganz besonders leicht an einen Geistlichen; denn das Wesentliche all unseres Liebens ist eigentlich die Liebe zu Gott. Sein leibhaftiger Stellvertreter hier auf der Erde ist aber der Gemeindepfarrer, der „Seelsorger“. Wenn der gar besonders gut predigt, dazu noch menschlich und freundlich ist, so wendet sich das Herz einer einsamen Frau ihm eben häufig in ganz besonders inbrünstiger Liebe zu – einer Art von Liebe, die im Grunde als sehr rein erlebt wird, eben weil so viel von der Liebe zu Gott darin enthalten ist. So weit ist im Grunde auch alles gut. Meist werden diese Zusammenhänge aber von der Liebenden und dem „Geliebten“ nicht durchschaut, und erst dann kommt es zu den vielen tragischen Mißverständnissen und Konflikten, die es in Ihrer Beziehung auch bereits gibt. (Bei katholischen Pfarrern ist das oft noch schwieriger, weil sie als Ehelose häufig auch sehr starke sexuelle Sehnsüchte haben und dadurch noch viel stärker zum Erwidern der Zuneigung gedrängt werden.) In bezug auf Ihre Problematik würde ich sagen: Die Liebe ist ja ähnlich wenig steuerbar wie der Heilige Geist, sie weht auch, wann und wo sie will. Ihre Liebe *darf* auch sein; Ihnen muß nur bewußt werden, daß Sie im Grunde *mehr* meinen als diesen Mann. Dann wird es Ihnen gelingen, darauf zu verzichten, ihn zu sich herüberzuziehen, ihn ganz in Besitz nehmen zu wollen. Erst wenn Liebe dieser Art *das* versucht, wird sie zur Sünde, erst dann wendet sie sich, wie es in einer Übersetzung der Genesis heißt, „weg von Gott und hin zu Adam“. Erst dann wird aus Ihrer Liebe ein Verstoß gegen das Neunte Gebot.

Vielleicht ist es auch nötig, daß Sie mit Ihrem Pfarrer einmal eine Aussprache in diesem Sinne vollziehen, falls es nötig ist, daß er seine Unruhe, seine Unsicherheit, sein schlechtes Gewissen und seine emotional unsicheren Reaktionen aufgeben müßte. Wenn Ihr Gemeindepfarrer erlebt, daß Sie selbst Ihre Probleme durchschauen, daß Sie wohl lieben, aber Ihre

Bedürfnisse (auch aus Liebe) zu steuern bereit sind, wird er sicher sehr entlastet sein. Er wird Ihr Engagement wieder in ungeteilter Dankbarkeit annehmen können, um so mehr als Sie ganz bewußt die (gefährliche) Vorstellung bekämpfen, ihm die bessere Partnerin sein zu wollen als seine Ehefrau. Ein solches heimliches Konkurrieren und Ausstechen ist ja in der Tat geradezu eine Versuchung! Dabei kann ein pflichtbewußter Gemeindepfarrer häufig beides nur allzugut brauchen: eine, die sich selbstlos mit ins Joch der Gemeindearbeit begibt, und eine, die daheim für die Kinder ungeteilt da ist. (Manche Pastorenkinder sind deshalb verhaltensgestört, weil die Mutter zu sehr in der Gemeindearbeit eingespannt sein mußte, so daß sie nicht zu ihrem natürlichen Recht kamen.)

Ich meine, Sie sollten diese Unruhe in Ihnen nicht beklagen, sondern die gute, sinnvolle Tätigkeit an der Seite eines sympathischen Mannes als ein Geschenk zur Steigerung und Erfüllung Ihres Lebens ansehen. Wenn Sie das schaffen, werden Sie sicher gesegnet sein.

*Ihre C. M.*

Liebe Frau Meves,

sicher werden Sie schon eine Zeit auf eine Antwort von mir gewartet haben, und ich schelte mich selbst undankbar, daß ich den Erhalt Ihres Briefes noch nicht bestätigt habe. Als er mir ausgehändigt wurde, mußte ich meinen ganzen Mut zusammennehmen, um ihn öffnen zu können. Ich hatte Sie ja um Hilfestellung gebeten – und mit Zurechtweisung gerechnet. Aber als ich ihn gelesen hatte, löste sich die Verkrampfung in Form von Freudentränen, deren ich mich nicht schämte, sondern meinen ganzen Dank an Gott mit hineinlegte und das Glück, in Ihren Worten einen so verständnisvollen Menschen gefunden zu haben und daß Sie mir die Verbindung nicht ausgeredet haben – denn zwei große Ereignisse prägen meine neuen Empfindungen: Bei einem Krankenbesuch lese ich den Kalenderspruch: „Leuchtende Tage, weine nicht, daß sie vorüber, sondern lächle, daß sie gewesen." Dieser Spruch beeindruckte mich sehr und half mir erst einmal über meinen Verzicht hinweg. Nach zwei Tagen mußte ich eine Ehefrau zu ihrem sterbenden Mann begleiten. Als sie bitterlich weinte und fragte: „Warum muß er so früh gehen – wir haben eine so glückliche Ehe geführt?", war es mir im Moment um den Trost bange. Aber dann fielen mir die oben geschriebenen Kalenderworte ein, und ich versuchte, sie damit zu stützen. Sie nahm es dankbar an und ging erleichtert nach Hause. Mir aber war bei dieser Kommunikation klargeworden: Wenn du selbst verzichten mußt auf das, was dir nicht gehört – wieviel schlimmer muß es für diese Frau sein, die ihr Liebstes hergeben mußte! Und trotzdem war ich glücklich, denn ich glaubte zu erkennen, daß ich *darum* diese verzichtende Liebe durchmachen mußte, um anderen ehrlich helfen zu können. Und ich fühlte keine Widerstände in mir gegen Gott, sondern war erfüllt von einer solchen Dimension der Zufriedenheit, daß ich nur beten konnte: Herr, laß mich bei dieser Erkenntnis bleiben bis an mein Ende! Und wenn auch die Versuchungen täglich neu auftreten in etlichen Formen, so kann ich mich doch durch dieses Gebet wieder hochrappeln. Aber es erfordert eine ungemeine Selbstbeherrschung, denn das zweite Erlebnis bestand darin, daß ich mit dem Pfarrer eine Aussprache herbeiführte. (Ihr Brief kam zwei Tage vorher an, und er war mir eine große Stütze.) Ich merkte sofort, daß eine innere Verbundenheit zwischen uns vorhanden war. Aufgrund der Tatsache, daß wir beide wissen, was für eine Verantwortung unsere Zusammengehörigkeit in sich trägt, ist es eine große Entlastung für beide Teile gewesen. Es war so, wie Sie es mir geschrieben haben: Auch er fühlte sich erleichtert, daß ich ihm den Mut und das Vertrauen entgegengebracht habe, und er war mir sehr dankbar dafür. Ob es eine endgültige Lösung ist, ist eine Glaubens- und Disziplinsache und erfordert die größte Kraft, die man im Leben braucht – besonders wenn man so wenig Liebe erfahren hat.

Ich hoffe, daß Sie mich jetzt so gut verstehen wie in meinem ersten Brief, und ich danke Ihnen ganz besonders für Ihre Segenswünsche, die einen festen Grund haben.

In der Hoffnung, noch mehr von Ihnen durch Vortrag und Schrifttum zu erfahren, möchte ich Sie herzlich grüßen und Ihnen meinen ergebensten Dank sagen. Sie müssen wissen: Sie haben einen Menschen nicht nur *ge*tröstet, *ver*tröstet, sondern ihm *Trost* zugesprochen für *alle* seine Lebenszeit.

In Verbundenheit *Ihre A. N.*

## Um ein Elternproblem

Sehr geehrte Frau Meves!

Ich bitte Sie sehr herzlich, werfen Sie den Brief nicht gleich in den Abfallkübel – ich verspreche mir so viel von Ihrer Antwort.

Ich bin fünfunddreißig Jahre alt, ledig und als Sekretärin tätig. Ich hatte eine sehr zerrissene Kindheit, mein Vater trank, die Eltern stritten immer sehr heftig; an Festtagen war es besonders arg. Er brüllte gleich so sehr. Ich versteckte mich oft auf dem Boden oder unter dem Bett vor lauter Angst, oder ich lief ins Freie. Samstags und sonntags mußte ich fest arbeiten. Meine Eltern begleiteten mich selten wohin; zur Erstkommunion, zur Firmung ging ich allein. Mein Vater schaute mich wochenlang überhaupt nicht an, als existierte ich gar nicht. Er wollte überhaupt kein Kind, wie meine Mutter mir erzählte. Zu meinen Verwandten sagten sie oft von mir: „Aus der wird eh nichts!" Und weil ich Linkshänderin bin, wurde es mir oft vorgehalten. Ich strebte in der Schule sehr, ich wollte aufgrund meiner Leistungen angenommen werden. Inzwischen wollten die Eltern die Scheidung; beide gingen zu einem Anwalt, aber dann ließen sie es wieder sein. Mein Vater zog aus, ich war damals siebzehn Jahre alt; nach acht Jahren stand er plötzlich vor dem Haustor. Er genierte sich, im Haus wohnen zu bleiben – wegen der Nachrede –, und so wurde das Haus verkauft. Ich bekam die Hälfte des Geldes, mußte mir eine Wohnung suchen. Das war nicht leicht, denn ich war so ängstlich; dann, ehe ich mich versah, war ich allein. In diesen vergangenen zehn Jahren sind meine Eltern achtmal umgezogen, überall war etwas, nirgends konnten sie sich einfügen. Meine Mutter, ein sehr bestimmender Typ, gräbt bei jedem Wiedersehen vergangene Dinge aus und schimpft stundenlang auf den Vater – nur er allein sei schuld, sonst niemand. Heute ist er kränklich, er trinkt nicht mehr. Vor zwei Jahren hatte ich ein Magengeschwür, damit war ich in ärztlicher Behandlung und bekam Medikamente. Manches hat sich gebessert, doch leide ich sehr oft unter Angstzuständen. Jetzt ziehen die Eltern um – in meine Gegend! Fast wäre ich umgefallen, als ich das hörte. Ich mußte ihnen Geld für den Transport geben. Ich fürchte sehr, daß sie mich wieder in ihre Streitigkeiten hineinziehen werden. Ich kann ihnen auch von meinem Beruf nicht erzählen, sie haben gar keine Beziehung dazu. Ich habe schon jetzt Angst, sie könnten eines Tages vor meiner Wohnungstür stehen und neue Probleme machen. Ich weiß nie, was ihnen morgen wieder einfallen könnte.

Ich bin sehr gehemmt, ich habe keine Überzeugung, keine eigene Meinung und bringe im Umgang mit anderen kein Wort hervor. Ich habe so gar keine Sicherheit in mir und bin den anderen ausgeliefert. Mein Selbstbewußtsein ist so gering, daß ich mich nie verteidigen kann, und wenn etwas falsch gemacht wird, nehme ich aufgrund dieser Schwäche von vornherein die Schuld auf mich.

Arbeitsmäßig geht es gut, aber wenn ich mehrere Leute vor mir habe, ist es mit meiner Konzentration vorbei. Auch in meiner Wohnung habe ich öfter Angst, daß zum Beispiel jemand kommen könnte.

Vor jeder kleinen Entscheidung spüre ich derartige Beklemmungen, vor einem Arztbesuch muß ich mir aufschreiben, was ich sagen möchte, weil ich das dann nicht frei sagen kann. Diese Angst stellt sich so plötzlich ein, als würde man einen Schalter anknipsen. Meine Ärztin meinte, das sei auf meine Kindheit zurückzuführen. Glauben Sie das auch? Ich weiß, es ist schwer, dies alles aus der Ferne zu beurteilen, ohne daß Sie mich kennen. Meine Frage geht dahin: Welchen Rat würden Sie mir in bezug auf meine Eltern geben? Denn nicht hinzugehen ist ausgeschlossen; erstens würde es mein Gewissen belasten, und zweitens würden sie meine Handlungsweise nicht verstehen. Ich könnte ihnen nie begreiflich machen, daß ich Angst habe. Sie würden es nicht verstehen. Wie müßte ich mich verhalten bzw. welche Möglichkeiten gibt es, von dieser Angst loszukommen. Gibt es überhaupt welche?

Ich danke Ihnen sehr herzlich für die Mühe, diesen Brief gelesen zu haben. Ob Sie mir wohl antworten werden?

Herzliche Grüße! *D. P.*

Sehr geehrte Frau P.!

Nein, gewiß werfe ich solche Notschreie wie Ihren Brief nicht in die Müllkippe! Im Gegenteil: Ich habe ihn sehr sorgfältig gelesen und mich in Ihre Lage versetzt. Ich kann mir gut vorstellen, daß Sie sich oft unglücklich und gedrückt fühlen. Die Tatsache, daß Sie vor kurzem ein Magengeschwür hatten, zeigt, wie sehr Sie sich bedrängt fühlen und wie dringend Sie Hilfe brauchen (denn selbst Tiere bekommen Magengeschwüre, wenn sie fürchten müssen, immer wieder und unversehens mit einer ängstigenden Situation konfrontiert zu werden). Und eine solche Situation ist ja das plötzliche Auftauchen der Eltern, das Sie tragischerweise nicht erfreut, sondern belastet. Aber nach allem, was Sie schildern, sollten Sie es doch auch als ein Geschenk des Himmels ansehen, daß das Haus verkauft wurde und Sie sich eine Wohnung suchen *mußten*. Es ist in solchen Situationen von unermeßlich großem Wert, daß man sich als erwachsener Mensch erst einmal räumlich von den Eltern trennt und selbständig eine Existenz gründet. Deshalb sollten Sie auch stolz darauf sein, daß Sie im Beruf zurechtkommen und dort doch offenbar Gutes und Zufriedenstellendes leisten. Freilich sind Sie einsam, und das liegt sicher an jener von Ihnen beschriebenen Schüchternheit, die vermutlich darauf beruht, daß Sie Ihr Licht unter den Scheffel stellen und nicht fest genug an sich selbst glauben.

Sie kritisieren an sich selbst, daß Sie keine eigene Meinung haben. Ja meinen Sie denn, daß Menschen, die in der Gruppe irgendwelches zusammengelesenes Zeug als ihre eigene Meinung mit Lautstärke herausposaunen, *mehr* eine eigene Meinung haben? Es ist schwer, so viel Überblick zu bekommen, daß man sich wirklich ein echt objektives Urteil erlauben kann, aber um gemeinschaftsfähig zu sein, ist das auch gar nicht nötig. Eine Gemeinschaft braucht ja nicht nur die Lauten, sondern auch die Stillen, nicht nur die Aktiven, sondern auch die Nachdenklichen, nicht nur die Eingreifenden, sondern auch die Beobachtenden, die still Teilnehmenden. Wir überwerten ja heute den nach außen lebenden Menschen, so daß die Tiefen, Stillen oft genötigt werden, einen Minderwertigkeitskomplex zu entwickeln. Der ist aber meist nicht im mindesten angebracht. „Stille Wasser sind tief", heißt es im Volksmund mit Recht.

Es ist sicher auch gut, daß Sie Ihre Schwäche, sich nicht verteidigen zu können, sehen. Schwächen hat jeder Mensch – der eine diese, der andere jene. Sie sind meist in der Tat in der Kindheit entstanden, aber es ist sinnlos, sich im Erwachsenenalter damit zu begnügen, die Eltern anzuklagen. Schwächen wollen überwunden sein, und zu solchen Selbsterziehungsvorgängen bewußter Art bietet das Erwachsenenalter viele, viele Nachholmöglichkeiten. Das heißt in Ihrem Fall: Man muß die so notwendige Selbstverteidigungsfähigkeit geradezu planmäßig einüben, auch wenn das am Anfang sehr schwerfällt. Ihre erste Übung sollte heißen, sich nicht mehr von den hilflosen Eltern quälen zu lassen. Schreiben Sie ihnen ein Briefchen, daß Sie ein Magengeschwür hätten, das Aufregung verbiete, so daß Sie die Eltern zur Zeit nicht besuchen und nicht empfangen könnten. Setzen Sie sich auf diese Weise ein Stück in eine Distanz zu den Eltern, wie es Ihnen als Fünfunddreißigjähriger rechtmäßig zusteht, und schalten Sie auf diese Weise die Angst vor den unberechenbaren Besuchen aus. Sonst können leicht neue Geschwüre auftreten. Sie haben ein Recht, sich zu wehren!

Zur Selbstverteidigung gehört auch, sich die eigene Wohnung so gemütlich wie möglich zu machen und nur *die* Menschen zu empfangen, die Ihnen wohlwollen und die Sie ertragen können.

Es gehört auch zu den legitimen Pflichten eines Christenmenschen, sich *zunächst* durch Selbstliebe zu stärken, damit man dann von seinem inneren Reichtum auch an andere austeilen kann. Dann ist man nämlich unversehens nicht mehr einsam, sondern wird allerorten gebraucht, oft so sehr, daß das Leben erfüllt und glücklich wird. Versuchen Sie es einmal damit in kleinen Schritten. Ich wünsche Ihnen dazu Mut, Hoffnung und Erfolg! Vielleicht sind Sie dann eines Tages seelisch so stark und so reich, daß es Ihnen auch möglich wird, den Kontakt zu den Eltern wieder aufzunehmen.

*Ihre C. M.*

# Zum Problem der Vorehe

Sehr verehrte gnädige Frau,

ich habe ein Problem und möchte Ihnen das darstellen: Ein großer Wohnblock hat sich unweit von uns hier aus der Erde erhoben. Betonwände, Fenster, Balkons. In schöner, langweiliger Regelmäßigkeit wiederholt sich das bis hinauf ins 13. Stockwerk. Unten am Hauseingang befindet sich eine Klaviatur von Klingelknöpfen. Zu jedem Knöpfchen ein Schildchen. Sachlich korrekt die einen, nachlässig hingeklebt die anderen. Hier in dieser 13-Stockwerk-mal-3-Wohnungen-Anonymität gilt ein Name wenig, nicht viel oder nichts. Schildchen neben Schildchen fein und säuberlich in 3 mal 13 Reihen über Briefkastenklappen nebeneinandergereiht. Und da frage ich mich, wo der Name nicht gilt, wieviel gilt da noch der Mensch?

Mit der sich ausweitenden Wohnblock-Anonymität fällt auch der Rang jeglicher Individualität. Und dann gewahre ich noch etwas, was noch vor wenigen Jahren nur vereinzelt zu vermerken war. Der Namen sind hier weit mehr als Klingelknöpfe. Nicht Doppelnamen, nein, doppelte Namen mit einem schrägen Strich voneinander getrennt.

Ich hatte Gelegenheit, die Hausgemeinschaft mit den 39 Klingelknöpfen und 52 Namen kennenzulernen. Bald schon stellte sich heraus, was sich hinter diesen Schrägstrich-Doppelnamen verbarg: Zweierwohngemeinschaften, voreheliche Hausgemeinschaften junger Menschen, die den Weg zur legalen Ehe noch nicht vollzogen haben. Hier in der Anonymität der Wohnsilo-Stadtschaft breiten sie sich aus, unbelästigt vom observierenden Klatsch der Nachbarn, frei von kritischen Blicken mißgünstiger Mitbewohner. Kurz: frei von altherkömmlichen Formzwängen.

Aber ist diese Art „Schrägstrich-Ehen“ wirklich frei? Ehen auf Unverbindlichkeit, Ehen auf Probe, Ehen auf Widerruf, Ehen auf bis ... nein, nicht „bis daß der Tod euch scheide“.

Dazu gibt es Bejahendes, praktisch Bejahendes. Aber es gibt da auch zu Bedenkendes, vielleicht sogar höchst Nachteiliges für zwei junge Menschen zweierlei Geschlechts, die sich lieben und deswegen zusammenziehen wollen.

Wir wissen heute, daß diese Entwicklung in vollem Schwunge ist. Junge Menschen fliehen aus ihren Elternfamilien in die Freiheit solcher Wohn-Zweisamkeiten hinein. Aber steckt nicht auch ein unzugestandener Drang nach Bindungsfreiheit dahinter? Ehe ohne Klammer! Ohne Klammer von Gesetz, Religion und Getto-Aufsicht? Wird da vielleicht in gefährlicher Nützlichkeitsabsicht die alles bewahrende Familie unterlaufen? Sind diese „Schrägstrich-Ehen“ den von Gesetz und Religion abgesicherten, geschlossenen Ehegemeinschaften gleichzusetzen?

Verhallen nicht all die Mahnungen zu mehr Mutter-, mehr Kindbezogenheit, mehr Geborgenheit im leeren Raum, wenn diese Geborgenheit ohne Gesetz und Segen simuliert wird?

Und was wird, wenn es hier einmal kriselt, wie es in jeder Ehe kriseln kann? Packt er dann sogleich seine Sachen und zieht davon? Sind sie wirklich gleich während und nach dieser Zweisamkeit? Empfindet sie nicht viel tiefer als er, wenn sie mit dem, was er zurückließ, sitzenbleibt? Und ist dann ein Kind da, welchen Status wird man ihm zuerkennen, wenn die Eltern auseinandergehen?

Ob sich diese jungen Menschen auch solche Fragen stellen, deren sichtbare Bindung lediglich ein schräger Strich ist?

Ich bin gewiß, daß es zu diesem Thema vieles zu sagen gibt. Von der Kirche, von der Rechtsprechung und von der Psychologie.

Mit freundlichen Grüßen von meiner Frau und mir bin ich Ihr Ihnen ergebener

*H. v. R.*

Lieber Herr von R.!

Herzlichen Dank für Ihren interessanten und besorgten Brief. Sie sind einer neuen Lebensform vieler junger Paare auf die Spur gekommen, die heute schon sehr verbreitet ist. Sie wird von der Umwelt stillschweigend toleriert, sie wird kaum einmal kritisch unter die Lupe genommen, und mir sind keine psychologischen Untersuchungen über die Folgen solcher „Vor-Ehen" bekannt. Das Phänomen ist also weder der Allgemeinheit voll bekannt noch als Gefahr erkannt. Margaret Mead hat diese Lebensform als einen Versuch, den absolut passenden Partner für eine spätere Ehe mit Kindern durch Erfahrung herauszufinden, vor etwa zehn Jahren propagiert; aber daß dieser ihr Vorschlag so rasch eine ebenso stille wie rasante Verbreitung erfuhr, ist sicher nicht darauf zurückzuführen, daß Margaret Mead einen solchen Einfluß entwikkelte, sondern darauf, daß die „Pille" die Voraussetzung zu einer kinderlosen Vorehe schuf. Die Kenntnis über Verhütungsmittel, die materielle Selbständigkeit der jungen Frau durch ihre Berufsausübung und jener Zeitgeist, der das Recht auf Glück (und das heißt heute auf Sexualität) und Emanzipation zur obersten Prämisse erhoben hat, bewirken, daß diese neue Lebensform sich so rasch und so sehr verbreitet hat.

Nun ist es gewiß notwendig, die Frage zu prüfen: Ist das nicht vielleicht eine gute Sache? Bringt diese Art, zwischen seinem zwanzigsten und dreißigsten Lebensjahr zu leben, nicht vielleicht doch die Möglichkeit zu guter Lebenserfahrung und weniger festgeschriebenem Unglück eines durch Heirat aneinandergeketteten Paares, das sich nicht liebt?

Dazu läßt sich sagen: Für den Mann mag die Sache zunächst manchmal positiv aussehen. Er hat in dieser Jungmännerzeit, in der er sonst aufgrund seiner starken Sexualität häufig ein unruhig Getriebener war, die Möglichkeit zu einer geregelten „Triebabfuhr", er hat meist sogar eine ihn zärtlich umsorgende junge Frau an der Seite, die ihn häufig durch ihren Verdienst mitversorgt, während er noch in der Ausbildung steht. Er entgeht auf diese Weise einer oft quälend langen Abhängigkeit vom Elternhaus, der Abhängigkeit von einer manchmal den Sohn zäh festhaltenden und bindenden Mutter, er entgeht der nicht selten demütigenden Situation, sich immer noch vom Vater maßregeln lassen und seine Befehle und Wünsche zähneknirschend befolgen zu müssen. Wenn die Vorehe zerbricht, kann er nach seiner beruflichen Etablierung vielleicht doch zu der Verbindung mit einer jungen Frau kommen; die Zeit für die Familiengründung ist für einen Mann zwischen seinem dreißigsten und vierzigsten Lebensjahr noch nicht verpaßt. Dennoch habe ich in jüngster Zeit auch im Einzelfalle die Erfahrung gemacht, daß für die Männer der Nutzen so eindeutig keineswegs immer ist: Wenn ein junger Mann, nachdem er von treusorgenden Eltern 18 bis 20 Jahre lang gewärmt worden ist, unmittelbar in das vorgewärmte Nest mit einer jungen Frau geht, er von deren Verdienst noch materiell versorgt wird, so besteht die Gefahr, daß das eine zu große durch Verwöhnung schädigende Gemeinschaft ist: Er flieht aus dem Elternhaus, vor der durch Verwöhnung „verschlingenden großen Mutter" und begibt sich in den Zauberbann einer *jungen* „Hexe", von der er sich sexuell und materiell abhängig macht. Die Gefahr, daß sein Impetus, seine geistige Entwicklung dann erlahmt, ist groß. Es ist sehr schwer, zum Abschluß einer Berufsausbildung zu kommen, wenn man überwärmt wird! Deshalb ist es auch kein Zufall, daß in meiner Praxis in zunehmender Zahl junge Mädchen sitzen, die über ihre unangetrauten Ehemänner tief enttäuscht sind. „Ich schufte den ganzen Tag im Büro", sagte jüngst eine solche 20jährige zu mir, „er ‚studiert' meist zu Hause. Wenn ich nach Hause komme, sitzt er hinter Bierglas und Fernseher, die Beine auf dem Tisch, einsilbig, damit ich nicht auf die Idee komme, durch Reden das Programm zu stören. Zu was füttere ich eigentlich diese Made im Speck? Dabei kommt er mit seiner Ausbildung nicht einmal vorwärts. Aber die Last läßt er mich allein tragen: das Saubermachen, das Geldverdienen. Aber ich suche einen Mann, der meine geistigen Interessen teilt!"

Es bleibt die bange Frage, ob der gleiche Mann nicht vielleicht ein geistig lebendiges Wesen geworden wäre, wenn er sich erst einmal in einer Phase des Alleinlebens den Wind von vorn hätte ins Gesicht blasen lassen?

Aber nicht nur aus den eben beschriebenen Gründen sieht die Situation für die jungen Frauen meist ungünstig aus. Oft werden die Jahre zur Familienbildung einfach de facto verpaßt: 1. Manchmal macht die jahrelange Manipulation am Hormonhaushalt dann doch unfruchtbar. 2. Oft schwindet mit der Eingewöhnung in die berufliche Arbeit die Lust zur Lebensumstellung auf Familienmutter immer mehr, und 3. bewirkt die Enttäuschung an den Erfahrungen mit dem Mann in der Vorehe auch generell eine Abneigung gegen Männer überhaupt (ein gebranntes Kind scheut das Feuer), ja wie ich nicht selten erlebt habe, eine neumodische Sexscheu als Reaktion auf sexuelle Überforderung.

Die Zeche des modischen Experiments zahlt im allgemeinen wieder einmal die Frau, und zwar damit, daß sie letztlich doch zunehmend unglücklicher, zunehmend einsamer, zunehmend ausgenutzter und zunehmend sinnentleerter wird. Ich bin der Meinung, daß das nicht nur in bezug auf das weibliche Geschlecht eine bedauerliche und eigentlich unmenschliche Entwicklung ist, sondern daß wir uns dies als Volk überhaupt nicht leisten können. Der so rasante Geburtenabfall geht ja zu großen Teilen zu Lasten dieser neuen Lebensregelung! Diese auf der Basis größtmöglicher Bequemlichkeit geschaffene Lebensform wird bewirken, daß die Versorgung solcher Egoisten im Alter durchaus in Frage gestellt ist. Unser Rentenprinzip beruht letztlich immer noch darauf, daß jeder Verantwortungsbewußte mit dafür gesorgt hat, daß junge Arbeitskräfte nachgeboren wurden.

Aber dies eben ist das Schlimme, daß das Gucken über den Zaun des eigenen Ego in einer bedenklichen Weise abhanden gekommen ist. Es findet z. Z. eine „gefährliche Entpflichtung von Familienverbindlichkeit“ statt. Diese unsere Zeit vollzieht destruktiv den Abbruch mit der Tradition, weil sie den lebenserhaltenden Sinn der Gens, der Geschlechterabfolge von Familien, nicht mehr sieht. Die alten Geschlechter (in der

Bibel wird das großartig und ausführlich dargestellt) hatten Gespür dafür, daß ein großer Teil ihrer Lebensaufgaben darin zu bestehen hatte, Glied in der Kette der Generationen zu sein, Fundus und Mosaikstein eines Gesamtbaus von Entwicklung, der sich zu einer Vollendung in der Zukunft zu steigern hatte. Aus dieser sinnträchtigen Einstellung wuchs auch die Möglichkeit zum persönlichen Verzicht auf individuelle Lebenserfüllung; sie wurde der Gens – etwa durch eine befohlene, unliebsame Heirat – nur allzuoft geopfert, bewirkte aber dadurch psychische Reifung der also Gehorsamen. Die Behauptung, die Frau sei früher grundsätzlich zu ihrem Unglück von den Männern unterdrückt worden, bedarf gewiß der Differenzierung. In mißbräuchlichen Formen war das sicher so, aber durch Generationen hindurch ist die Frau auch von der Sippe – und zwar gerade durch deren Gehorsamsforderungen! – in ihrem Einsatz für das Ganze *beschützt* worden, viel mehr, als sie, die sich heute selbst entschützt hat, sich das noch ausmalen kann! Die Frau heute ist in Gefahr – sie ist in Gefahr, zu einem viel schlimmeren Ausbeutungsobjekt zu werden, als sie es je war. Sie ist in der Gefahr, ihre Seele zu verlieren, und treibt sich selbstmörderisch immer mehr in solche Lebens- und Denkweisen hinein. Wo aber die Einstellung der Frau als einer, die zu ihrem Gott spricht: „Es geschehe, wie du gesagt hast!", stirbt, stirbt auch die Gens, hört Mutterschaft auf. Wir brauchen neue Ritter unter den Männern, die die Prinzessin, die man an dieses Ungeheuer ausgeliefert hat, „heraushauen", sie wieder auf ihre Pferde nehmen und unter ihren Schutz stellen, unter einen Schutz, dessen sie bedürftig bleibt, solange Kinder bei ihr aufwachsen sollen.

Die Probeehe scheint mir sowohl von solchen überpersönlichen wie auch häufig von persönlichen negativen Folgen her keineswegs eine allgemein empfehlenswerte, fortschrittliche Lebensform der Zukunft werden zu können.

Um so mehr bleibt die ernste Frage bestehen: Wie denn aber sollen die jungen Leute ihr Zusammenpassen oder Nicht-Zusammenpassen erproben?

Mir scheint eine ein- bis zweijährige Verlobungszeit, in der man noch getrennt lebt, eine gute Möglichkeit zu sein. Man sollte sich in dieser Zeit soviel wie möglich sehen, soviel wie möglich sich gemeinsam Problemen und Aufgaben stellen, um zu erfahren, ob die Möglichkeit besteht, miteinander auszukommen.

Probe in Liebe ist ja nicht gleich Training in Coitus-Positionen. Probe in Liebe heißt Probe in Einfühlung, Respekt und Zucht, Erprobung in Opfer- und Vergebungsbereitschaft. Wer einen hohen geistig-seelischen Anspruch an sich, an die Lebensgemeinschaft wie an den Partner stellt, sollte eine solche Zeit des Wartens nicht scheuen. Sie bedeutet heute nicht mehr Kleinbürgerlichkeit, sondern freiwillige Disziplinierung, wodurch – wie selbst die Erfahrungen mit jungen Menschen von 1977 zeigen – ein Mehr an Zukunftsglück erwartet werden kann.

*Ihre C. M.*

# SORGEN VON ELTERN UND ERZIEHERN

# Um eine Verhaltensstörung

Sehr geehrte Frau Meves!

Sie haben sicher wenig Zeit, solche Briefe zu lesen, und doch weiß ich mir keinen anderen Ausweg, als Sie bezüglich meiner ältesten Tochter (geb. am 10. 3. 1972) um Rat zu fragen. Unsere Schwierigkeiten kamen so:

1971 heiratete ich nach langem Überlegen einen Mann, der von meiner Familie abgelehnt wurde, da er aus einer sehr einfachen und schwierigen Arbeiterfamilie stammt, selbst jedoch recht tüchtig, geschickt und auch intelligent ist. Bald erwarteten wir unser erstes Kind. Alles war für eine Heimentbindung hergerichtet, weil ich es richtig machen wollte. Angela kam jedoch um vier Wochen zu früh. Die Entbindung fand doch in einer Klinik statt, da man glaubte, daß das Kind sehr zart wäre. Sie wog 2,30 kg, kam aber weit weg in eine Frühgeburtenstation (da in der Klinik nur sechsmal gefüttert wurde), wo sie siebzehn Tage blieb. Wir brachten täglich die abgepumpte Milch hin, so daß ich sie später sieben Monate lang stillen konnte, obwohl mir davon von der Kinderschwester wegen angeblicher Ungenauigkeit abgeraten wurde. Sie empfahl einen Sauger mit großer Öffnung und nächtliches Durchschreienlassen. Das nächtliche Durchschreien hielten wir nicht lange durch, und so wurde sie einfach angelegt. Leider saugte sie nicht allzu kräftig, so daß ich mit dem Flascherl immer noch nachfütterte. Angela war von Anfang an ein hypernervöses Kind, das sehr schlecht schlief. Mein Mann wollte sie viel schreien lassen, damit wir sie nicht verwöhnen. Gottseidank war meist mein Mutterinstinkt stärker. Immerhin blieb sie hie und da in ihrer Not allein. Ab dem vierten Lebensmonat nahm sie schlecht zu. Wieder wurden Fehler gemacht, denn nun nötigte ich sie zum Essen und Trinken. Erst mit etwa zwölf Monaten wurde sie nicht mehr genötigt, und dann ging es viel besser. Angela lernte mit zehn Monaten sitzen, etwas später stehen und mit sechzehneinhalb Monaten gehen. Sie war jedoch immer eine flinke Krabblerin. Mit etwa elf Monaten trat bei Angela folgende Störung auf: Sie wippte nachts stundenlang, oft ausgelöst durch einen Lärm in der Wohnhausanlage. Vor dieser Störung gewöhnten wir ihr leider das Fingerlutschen ab, wodurch das Wippen abends auftrat! Manchmal weinte sie vor lauter Müdigkeit, oder später sang sie stundenlang monoton und wippte dabei. Die Ärztin verordnete kalte Waschungen, Salben für die Scheide (Onanieren sei die Ursache, sagte sie), dann Mellerettentropfen und Valium-Sirup. Alles erfolglos. Wir hatten dann drei Jahre hindurch gestörte Nächte und litten beide sehr darunter. Als Angela dreiundzwanzig Monate alt war, kam ein Schwesterchen zur Welt, das sie recht gut aufnahm. Sie durfte immer dabeisein und „helfen".

Seit einiger Zeit schläft Angela wesentlich besser, und das Wackeln ist fast ganz verschwunden. (Beim Aufwachen krümmt sie sich oft noch etwas zusammen.) Ausnahmsweise kommt sie auch zu mir ins Bett, wenn das Wiedereinschlafen gar nicht gelingen will. Dann schläft sie bei mir schneller ein.

Unsere Schwierigkeiten sind nun konkret folgende:

1. Schlafschwierigkeiten, gelegentlich Angstträume.
2. Bettnässen – etwa ein- bis dreimal nachts, selten trocken. Die Ärztin empfiehlt Beruhigungsmittel etwa drei Wochen lang, Diät und nächtliches Setzen.
3. Unausgeglichenheit, launenhaft, unzufrieden, will mehr, als man ihr gibt, ist oft weinerlich, dann wieder fröhlich, hängt sehr an uns, stößt uns dann aber wieder abrupt weg, besonders wenn wir sie durch Herzen aus ihren Nöten herausführen wollen, beim Gutenachtsagen.
4. Schüchternheit Erwachsenen gegenüber – wenn sie angesprochen wird, gibt sie keine Antwort, steckt verlegen die Finger in den Mund bzw. läßt die Zunge (unbewußt) herausschauen, schneidet Grimassen.

Sie spielt inzwischen mit vielen Kindern, teils im Freien, teils bei uns in der Wohnung, teils auch in anderen Wohnungen. Leider hat sie keine eigene Meinung, sofern das ein so kleines Kind schon haben kann, sondern will immer alles von uns gekauft haben, was sie bei anderen sieht. Sie hat ihre eigenen Spielsachen, teilweise auch gemeinsam mit ihrer Schwester, aber wir selbst können und wollen bescheiden bleiben. Natürlich bekommt sie auch öfter etwas, weil sie ja noch nicht freiwillig so asketisch sein kann wie wir, aber ich versuche ihr eben zu erklären, daß man nicht gleich alles wie die anderen haben kann, daß sie wieder ein schönes Buch bekommt, Ringe und Schaukelpferd hat, was die anderen nicht haben etc. Unser Kindergarten nimmt die Kinder nur drei Jahre vor der Schule, später nicht mehr. So lasse ich sie einstweilen zu Hause und gebe sie ein Jahr vor der Schule dreimal wöchentlich in den Waldorf-Kindergarten, zu dem mir Bekannte rieten. Ob ich Angela auch in diese Schule geben soll, falls wir eine Ermäßigung bekämen?

Neben den oben angegebenen Schwierigkeiten hat Angela Gottseidank viele Vorzüge: Sie spielt sehr ausdauernd (mit Puppen, Malen, Zeichnen, Ausschneiden, mit Plastilin, in der Sandkiste, mit Wasser, beim Backen in der Küche, beim Rollenspiel mit anderen Kindern etc.). Ich spiele auch viel mit ihr. Nur vor dem Schlafengehen kann ich nicht eine halbe Stunde ganz allein mit ihr spielen, weil mein Mann oft noch nicht vom Dienst zurück ist und Gabriele, unsere Kleinste, auch dabeisein will.

Sehr geehrte Frau Meves, was würden Sie mir konkret raten, damit ich Fehler wiedergutmachen kann, angeborene Überempfindlichkeit ausgleichen kann, um späteren Schwierigkeiten vorzubeugen und Angela zu einem wertvollen Menschen, der glücklich sein kann, zu erziehen? Ich habe einen hiesigen Psychologen konsultiert, der das Kind gar nicht erst sehen will, sondern sich nur mit mir unterhielt, und der einfach zum Abwarten rät. Ich erzählte ihm von Ihren Büchern und von Müller-Eckards „Das unverstandene Kind“. Er jedoch empfiehlt Dr. Spock, den ich zwar auch studiere, aber wo ich für meinen Fall keinen Rat fand.

Für einige nützliche Hinweise wäre ich Ihnen sehr, sehr dankbar, damit ich im häuslichen Milieu für meine Tochter eine Therapie durchführen kann. Mein Mann und ich sind bereit, alles zu tun. Inzwischen sind wir so glücklich, daß wir Kinder aufziehen dürfen, und wünschen uns noch ein drittes Kind. (Leider hatte ich vor kurzem eine Fehlgeburt.) Auch die beiden ersten Kinder waren, besonders von mir, Wunschkinder. Mein Mann hat auch viel Geduld und Liebe zu ihnen und beeinflußt sie wegen seiner künstlerischen Ader zusätzlich wunderbar. Er bringt mir fast jede Woche ein Buch von Ihnen, die er dann auch alle mit Begeisterung liest.

Angelas EEG war übrigens im Rahmen der Altersnorm, obwohl von einer „durch Artefacte gestörten Kurve" die Rede ist. Angeblich ist sie auch recht klug.

Mit besten Grüßen und vielem Dank im voraus, *L. R.*

Sehr geehrte Frau R.!

Sie machen sich Sorgen um Ihre kleine Angela und möchten, daß ich Ihnen gewissermaßen von Land zu Land einen Rat gebe. Das ist für mich, ohne daß ich Angela gesehen und psychologisch untersucht habe, leider nicht möglich – das wäre wie eine „Diagnose am Telefon". Nach allem, was Sie in Ihrem ausführlichen Brief schreiben, scheint es doch wohl so, als hätten Angelas Schwierigkeiten etwas mit ihrem nicht ganz einfachen Lebensstart zu tun. Wie von einer Verletzung haben solche Kinder oft lange Zeit danach mehr Ängste, sind unruhiger, geben Anlaß zu Schwierigkeiten in der Erziehung. Es ist dann so leicht zu sagen: Laßt sie schreien oder laßt sie überhaupt nicht schreien. Das Ausmaß der Unruhe des Kindes, sein Riesenanspruch nach Geborgenheit gegen diese so viel größere Angst machen es vielen Eltern schwer, nicht überfordert zu sein und nicht mit ihrem Kind in die Teufelskreise der Verwöhnung zu geraten. Deshalb dürfen Sie auch keine Schuldgefühle haben: Es ist Ihr und Angelas Schicksal, daß sie zunächst von Ihnen getrennt werden mußte und dadurch diesen viel höheren Grad von fortgesetzt vorhandener Existenzangst entwickelte. Man muß dieses Schicksal als erstes gelassen (ich würde gern so unmodern sein und sagen: demütig) annehmen, man darf als zweites aber alle Hoffnung haben, daß dieses Ersttrauma sich allmählich mindert, wenn man nur selbst getrost an dieser Hoffnung festhält. Die allgemeine erzieherische Marschrichtung sollte heißen: Wir wollen verstehen, daß Angela mehr Angst vor der Welt hat als andere Kinder; wir wollen sie deshalb nicht mit „Sprüngen ins kalte Wasser" überfordern (denn das hieße, das Trauma wieder beleben!), wir wollen sie aber in kleinen Schritten und mit Hilfe kleiner Erfolgserlebnisse allmählich zu der heilenden Erkenntnis führen: So schlimm ist die Welt gar nicht, du brauchst dich so arg nicht zu fürchten, du bist schon oft zurechtgekommen – hier und dort und dort. Die klammernden Riesenansprüche, von denen Sie berichten, sind vermutlich auch bei Ihrem Kind einer jener unreflektierten Selbstheilungsversuche, die unbewußte Fehlvorstellung, durch Absicherung mit Hilfe von Sachbesitz zu einer Minderung seiner Existenzängste zu kommen. Das abzuwehren ist sicher richtig und notwendig, aber nur dann, wenn das Kind gleichzeitig noch mehr Bestätigung seiner Geborgenheitsversuche erfährt. Deshalb würde ich gerade bei diesem Kind, das sich ja vor dem mutterlosen Alleinsein in der Nacht fürchtet, sehr viel Sorgfalt und Fürsorge *vor* dem Zubettgehen zuteil werden lassen. Gabriele sollte infolgedessen dringend *vor* Angela ins Bett gebracht werden, so daß Angela danach mit Geschichtenerzählen und einer kleinen Extranachmahlzeit, mit gemeinsamer Kuschelnähe die Erfahrung von angstloser Geborgenheit als Therapie erfährt. Das ist wichtiger und richtiger als Verwöhnung am Tage! Und zu all diesem Tun muß das Wissen gehören: Alte seelische Urverletzungen bauen sich nur sehr langsam ab. Es ist durchaus möglich, daß die Schüchternheit und die Unausgeglichenheit Ihrer kleinen

Tochter in der noch erheblichen Angst ihre Ursache haben. Dennoch sollten all diese Symptome nicht Anlaß zu Mutlosigkeit und Sorge sein. Angela hat mir sehr fröhliche Bilder gemalt, die zeigen, daß sie auch bereits unter Ihrer Obhut ein erhebliches Selbstwertgefühl und fröhlichen Lebensmut entwickelt hat. Es besteht berechtigter Anlaß zu der Annahme, daß Sie durch viel Gleichmaß in der Erziehung und im Alltag diese Anfangsangst weiter abbauen können.

Die Waldorfpädagogik halte ich für ganz ausgezeichnet. Sensible und ängstliche Kinder verlieren dort oft ihre Hemmungen, wie mich die Erfahrung gelehrt hat.

Dies, liebe Frau R., kann nicht mehr sein als ein allgemeiner Rat. Er macht eine gründliche psychologische Untersuchung nicht überflüssig. Wollen Sie sich nicht einmal an den Herrn Prof. A. in Wien wenden? Das ist ein versierter Fachmann, den Sie von mir grüßen dürfen.

*Ihre C. M.*

# Mütterliche Sorgen um ein Suchtproblem des Sohnes

Sehr verehrte Frau Meves,

anläßlich der Universitätstage hatte ich vor längerer Zeit die Freude, Sie persönlich bei einem Vortrag zu erleben, und besitze auch einige Bücher von Ihnen. Heute spricht mich Ihr Aufsatz „Befreiung zur Freude" sehr persönlich an, denn solch ein Jugendlicher, wie Sie ihn schildern, ist mein Sohn, heute 21 Jahre alt.

Da treffen für ihn sämtliche Attribute des ersten Absatzes zu, Lustlosigkeit, Unvermögen zu echter Freude, stumpfe Gleichgültigkeit, aschgraues Sich-elend-Fühlen, versteckte Habgier, und ich möchte hinzufügen Willenlosigkeit, Bindungslosigkeit. Er trieb dahin, wohin der Wind des Tages gerade blies. Die Wunschwelt würde er allerdings nicht mit „viel Geld, immer etwas zu trinken, Stoff zum Fixen, anständig was zu essen" umreißen, jedoch „meine Ruhe will ich haben" könnte die Wunschprobe wohl erbringen.

Erlauben Sie mir bitte, da mir dieses Kind in zunehmendem Maße großen Kummer bereitet, kurz über die wesentlichen Stationen zu berichten.

Vor einigen Jahren hat er mit Rauschgift begonnen, Alkohol spielte auch eine Rolle, davon erfuhr ich erst, als er im Krankenhaus psychisch „durchdrehte". Trotz meiner Bemühungen konnte ich seine Lebensweise in der darauffolgenden Zeit nicht ändern. Da ich nicht beurteilen konnte, ob er überhaupt in der Lage war, den seelischen Anforderungen zu genügen, ließ er sich auf meine Bitte in einem psychologischen Institut testen. Mir wurde mitgeteilt, daß sein Intelligenzquotient 127 betrage und depressive Tendenzen vorlägen.

Im Sommer 1975 war es soweit: Das Gymnasium gab ihm den Abschied wegen völlig fehlenden Leistungswillens. Von allen Lehrern hörte ich die Meinung: hochintelligent, aber er tut nichts. Ein Freund riet ihm, es in einem Landschulheim zu versuchen. Wir hatten Glück, man nahm ihn als Tagesheimschüler auf. Nach dem ersten halben Jahr Durchschnittsnote 2,9. Dann versäumte er mehr und mehr das nachmittägliche Studium, kam nachts oft nicht nach Hause und erklärte am Ende des Schuljahres, daß die Schule für ihn sinnlos sei. Er wolle ein halbes Jahr jobben, dann ein halbes Jahr leben, sich entfalten, kreativ sich betätigen, selbstverwirklichen. Im Sommer schlief er über Wochen im Freien, dann in einem erbärmlichen Keller, in dem sichtbar schon viele Vorgänger ihre Spuren und Habe zurückgelassen hatten. Er hielt keine Arbeit durch, von der Familie erhielt er keine materielle Unterstützung, beim Stehlen von Nahrungsmitteln wurde er erwischt und angezeigt. Dann zog er zu fünf Jungen in eine Wohnung in einem völlig verwahrlosten Hause, lebte mit Ratten und Mäusen. Ich war verzweifelt und völlig hilflos, hatte das Gefühl, alles falsch zu machen – er kam ab und zu nach Hause, um Wäsche zu bringen und zu holen. Es muß noch gesagt werden, daß ich schuldlos geschieden bin. Ich bin als Ärztin voll berufstätig. Die beiden Kinder wurden mir zugesprochen. Meine Tochter heiratete 1967.

Vor einigen Wochen besuchte meine Tochter ihn und machte ihm den Vorschlag, eine Zeitlang bei ihr zu wohnen, und er war einverstanden. Sie können sicher verstehen, wie froh ich war, den Jungen erst einmal herauszuhaben aus dieser destruktiven Umgebung; denn außer einem arbeiteten die Herren nicht, und wir fragen uns, wovon sie leben (und trinken!).

In den vergangenen Jahren hatte er mir immer wieder gesagt – wenn ich das Thema anschnitt –, daß er Drogen nicht nähme, sie nicht vertrage, aber zuviel Alkohol trinke. Dies wurde mir inzwischen von den verschiedensten Seiten bestätigt: vielleicht hin und wieder Drogen, aber selten und keine harten Sachen.

Er ist nun seit zehn Tagen bei seiner Schwester, und sie meint, er trinke mit Sicherheit nicht, hätte geäußert, er wolle nicht mehr. Er hält sich sauber und sein Zimmer mit ihrer Ermahnung auch. Aber seine Gedankengänge, besonders über sich und seine Situation und alles, was mit Leistung zusammenhängt, sind völlig irrational. Nach Meinung meiner Tochter ist er stark gestört.

Damit er eine Beschäftigung und ein Ziel habe, hatte meine Tochter ihn animieren wollen, den Führerschein zu erwerben. Seine Antwort: Nein! Jede Leistung, jede Verbindlichkeit wird abgelehnt wie auch eine psychologische Beratung, denn dadurch würde er „angepaßt", und das eben wolle er nicht. Ausgiebige Waldgänge mit dem großen Boxerhund, manchmal auch in Begleitung eines Kindes, schätzt er jedoch so, daß er sagt, der Tag habe sich schon wegen dieses Spazierganges gelohnt.

Ich schließe, sehr verehrte Frau Meves, diese lange Epistel, nicht wissend, wie Sie auf derlei Leserbriefe reagieren, die Ihnen sicher keine Seltenheit sind!

Da ich so ratlos bin, wie auch meine Familie, mußte ich Ihnen schreiben, als ich las, daß Sie das Problem sehr gut kennen.

*Ihre P. T.*

Liebe Frau T.!

Ihre große Not, die Sie mir anschaulich schildern, teilen Sie mit einer großen Anzahl von Müttern und Vätern in der Bundesrepublik. Und ich weiß, wie ratlos eine solche Schwierigkeit macht; denn kein Mensch hat in unserer liberalen Demokratie die Möglichkeit, einen mündigen Bürger zu einer Behandlung zu nötigen, wenn dieser die Einsicht in deren Notwendigkeit nicht hat. Und damit sind allen Angehörigen, allen, die Hilfe zu geben bereit wären, die Hände gebunden.

Ich wäre nie in die Öffentlichkeitsarbeit gegangen, wenn sich nicht auch dieses hätte voraussehen lassen: daß gerade jene Lebensschwierigkeiten springflutartig ansteigen würden, deren Hauptmerkmal eine Passivität ist, die eben auch den Impetus und den Mut zu einer Behandlung vermissen läßt. Solchen Störungen müßte deshalb auf breiter Ebene durch Vorbeugen entgegengewirkt werden! Vielleicht können Sie in Ihrem Beruf durch vorbeugenden Rat mitwirken, daß weniger Menschen in ähnlich schwere Not geraten wie Sie. Eigene ausweglose Schwierigkeiten können doch bewirken, daß wir mithelfen, es anderen künftig zu erleichtern!

Sie werden nun vielleicht ungeduldig fragen, in welcher Hinsicht *Ihnen* denn zu raten sei. Vorläufig, so scheint mir, gibt es nur eines: daß Sie Ihrem Sohn deutlich machen, wie sehr Sie sich darüber freuen, daß er aus dem Gammlerelend herausgefunden hat. Ich meine auch, daß man in kleinen Schritten so weitergehen sollte, wie Ihre Tochter es offenbar sehr geschickt tut: daß man nicht übersieht, wenn der Junge sich irgendwo und irgendwie eingesetzt und nützlich gemacht hat. Wenn nur erst die mutlose Inaktivität allgemein überwunden ist, wächst meist auch neu der Gedanke, einen Beruf zu erlernen. Erst wenn der Junge solche Gedanken ausspricht, sollte man sich voll identifizieren und mit ihm gemeinsam nach gangbaren Wegen auf die Suche gehen. Depressive Neurosen brauchen Treue, Verläßlichkeit und Ermutigung in Ihrer Umwelt.

Ohne Zentnersäcke von Geduld ist ein solches Ziel nicht zu erreichen! Freilich ist eins allem Herauskommen aus der Not ebenso hinderlich: ein allzu weiches Nest, eine verwöhnende Haltung und ein zu reichlich gefülltes Portemonnaie. Konkrete Ermutigung einerseits – ein Leidensdruck durch die Unselbständigkeit und Abhängigkeit sind notwendige Voraussetzungen, um aus einer depressiven Passivität wieder herauszufinden.

*Ihre C. M.*

# Um eine Depression im Jugendalter

Sehr geehrte Frau Meves,

Mit unserer fünfzehnjährigen Tochter Birgit haben wir seit ungefähr zwei Jahren große Sorgen. Nachdem ich einige Ihrer Bücher gelesen habe, kann ich Birgits Verhalten besser verstehen und sehe auch klarer die Rolle, die ihre Veranlagung und die Umgebung spielen. Deshalb wende ich mich heute an Sie und bitte um Ihren Rat. Ich weiß, daß Sie sehr beschäftigt sind, und wäre Ihnen daher besonders dankbar, wenn Sie mir dennoch antworteten.

Ungefähr bis zu ihrem zwölften Lebensjahr ist Birgit wenig aufgefallen. Sie war ein bescheidenes, zuverlässiges und gewissenhaftes Mädchen und dazu eine sehr gute Schülerin. Mit den Gleichaltrigen hatte sie immer etwas Schwierigkeiten. Sie kann sich schwer anpassen und einordnen. Sie möchte gerne bestimmen, und es gelingt ihr nicht, weil sie umständlich, langsam und rechthaberisch ist. Mehr als ihre beiden jüngeren Brüder, jetzt neun und dreizehn Jahre alt, steht sie gerne im Mittelpunkt und verlangt besonders viel Lob und Anerkennung. In den letzten Jahren haben wir nun den Eindruck gewonnen, daß Birgit nicht erwachsen werden will oder kann. Neulich äußerte sie: „Ich glaube, ich werde mit jedem Tag einen Monat jünger; bald werde ich wieder gewickelt werden müssen." Und ein anderes Mal: „Wenn ich mich nicht vor der Buchhändlerin schämen würde, würde ich mir nur Kinderbücher kaufen."

Mit dreizehn Jahren sagte sie mir das erstemal, daß sie am liebsten nicht mehr leben möchte. Sie kam immer öfter niedergeschlagen aus der Schule – nicht wegen ihrer Leistungen, sie war, wie gesagt, eine sehr gute Schülerin – und war mit sich, mit den anderen und der ganzen Welt unzufrieden. Mit den Gleichaltrigen kam sie immer weniger zurecht. In der Zwischenzeit hat sie sich durch ihr Verhalten aus jeder Gemeinschaft (Schule, Jugendgruppe, Freundeskreis) ausgeschlossen. Sie klammert sich sehr stark an mich und spielt gerne mit jüngeren Kindern. Für unsere Familie ist sie eine erhebliche Belastung. Auch mit großen Anstrengungen bringen wir sie nicht dazu, sich einzuordnen. Sie will morgens nicht aufstehen, kommt fast jeden Tag zu spät zu den Mahlzeiten und geistert nachts oft bis zwei oder drei Uhr früh herum. Wir wissen nicht, ob sie wirklich nicht kann, und verhalten uns deshalb auch inkonsequent. Außerdem ist sie sehr aggressiv. Sie beneidet ihre Brüder, weil sie besser zurechtkommen als sie, und leitet sich daher das Recht ab, sie zu bedrohen und ihnen liebe Dinge zu zerstören. Oft äußert sie, daß sie sich selbst, uns alle und die ganze Welt haßt. Sie sagt, man müßte Atombomben legen und die ganze Welt zerstören. In einer so unvollkommenen Welt mit so unvollkommenen Menschen wolle sie nicht leben, sterben könne sie aber auch nicht, weil es nach dem Tod vielleicht noch schlimmer wird. Bis jetzt hat sie mit Selbstmord nur gedroht, oft auch nur, um mich zu etwas zu zwingen: „Wenn du jetzt weggehst, bringe ich mich um.“ Mit großer Sorge erfüllt uns auch, daß sie so ohne Willen gegen sich ist. Sie bemitleidet sich viel und jammert oft. So verbringt sie ihre Tage (seit Oktober geht sie nicht mehr zur Schule) mit Lesen, Fernsehen oder Radio hören, und hinterher regt sie sich über alles auf, was sie aufgenommen hat. Immer wieder faßt sie neue Pläne, die sie dann aber selten durchführt. Jede konzentrierte Arbeit macht ihr Mühe.

Im vergangenen Jahr hatten wir sie drei Monate in der Kinderabteilung der hiesigen Psychiatrischen Klinik. Die Diagnose lautete: Pubertätskrise bei abnormer Persönlichkeit. – Ihr Zustand besserte sich, und sie besuchte im September wieder für kurze Zeit die Schule. Dann wurde ihr Widerstand so groß, daß wir sie abmeldeten. Wir besorgten ihr auf ihren eigenen Wunsch eine Helferinnenstelle in einer Säuglingsstation. Dort hielt sie es nur eine Woche aus. Die Oberärztin der Klinik gab uns den Rat, sie sofort wieder einweisen zu lassen, und dieses Mal in die Erwachsenenstation. Wir befolgten diesen Rat nicht, weil wir Birgit unter Zwang hätten hinbringen müssen. Man konnte in der Klinik nicht ihren Willen zur Besserung wecken. Birgit sträubte sich gegen die Behandlung dort und versuchte immer wieder auszureißen. Zum Schluß wurde sie disziplinarisch entlassen.

Wir haben eingesehen, daß es eine Besserung nur dann geben wird, wenn Birgits Wille dazu geweckt wird.

Hier nun meine Frage an Sie: Können wir Birgit längere Zeit zu Hause lassen, ihr zeigen, daß wir sie ertragen und auf Besserung warten, ohne daß sich ihr Verhalten verfestigt? Oder gehört Birgit auch unter Zwang in fachärztliche Behandlung? (Wir waren schon bei fünf Ärzten, und Birgit weigert sich, noch eine Behandlung zu beginnen.) Ich verstehe, wenn Sie uns nicht raten können, ohne Birgit zu kennen.

Zum Schluß möchte ich Ihnen noch einige meiner Gedanken mitteilen. Birgit hat so wenig Lebenslust und gar kein Vertrauen in die Zukunft. Vielleicht ist die Ursache dafür in ihrer schweren und langen Geburt zu suchen? Die Geburt hat dreißig Stunden gedauert.

Eine andere Ursache könnte auch mein Verhalten in Birgits ersten Lebensjahren sein. Ich war sehr unsicher und ängstlich. Oft erschien es mir als eine zu große Last, ein Kind großzuziehen. Bei den nächsten beiden Kindern bekam ich dann mehr Sicherheit.

Im voraus vielen Dank und freundliche Grüße *J. M.*

Liebe Frau M.!

Sie haben viel Not; es ist so schwer, mit einer so großen Sorge zu leben! Nach allem, was Sie schreiben, scheint mir Ihre Birgit unter anderem depressive Züge zu zeigen. Bitte gehen Sie grundsätzlich bei Birgits Verhalten davon aus, daß sie wohl will, immer wieder erfährt, daß sie nicht kann und *dann* zusätzlich aus Mutlosigkeit auch nicht mehr will. Es ist nicht nur zwecklos, sie anzutreiben, zu korrigieren, zu berufen und zu tadeln, das würde zusätzlich schaden. Dann gibt Ihnen die Tochter recht, beginnt sich selbst zu verwerfen, identifiziert sich mit ihrer „Ungeratenheit" und „Schlechtigkeit" und gerät so immer mehr in die Teufelskreise der Verzweiflung, der Angst und einer aus dieser Not entstehenden Aggressivität.

Birgit braucht dringend eine Behandlung, am besten in einer langgfristigen stationären, klinischen Psychotherapie. Ich meine, daß Sie mit Hilfe einer Person, zu der sie Vertrauen hat – vielleicht eines ihr bekannten Arztes – den Versuch machen sollten, sie von der Notwendigkeit einer neuen Behandlung zu überzeugen. Und man sollte sie dann ohne viel Wenn und Aber, ohne jede Verzögerung am gleichen Tag in die Klinik bringen. Auf beigefügtem Blatt finden Sie die Adressen von Kliniken, in denen Spezialisten erfolgreich an der Behandlung solcher Krankheiten arbeiten.

Ich würde Ihnen nicht raten, den Versuch zu machen, die Krankheit zu Hause zum Ausheilen zu bringen. Die Belastung wäre für die Familie viel zu groß, und das führt oft zu Teufelskreisen der Verschlechterung. Ich würde Birgit also in der Klinik anmelden und an dem Tag, an dem Ihnen der Platz sicher ist, die Hilfe des fremden Beraters in Anspruch nehmen und sofort mit ihr in die Klinik weiterfahren. Ohne solche energischen Maßnahmen ist den schweren und hartnäckigen Ängsten meist leider nicht beizukommen.

Ich wünsche Ihnen und den Ihren von ganzem Herzen, daß Sie den Einstieg finden und Birgit eines Tages eine lebensfrohe junge Frau sein möge!

*Ihre C. M.*

# Elterliche Sorgen um eine in ihren Lehrer verliebte Tochter

Sehr geehrte Frau Meves,

gibt es wirklich nur den einen Weg, sein Kind in den Brunnen fallen zu lassen, um es dann herauszuziehen? Ich kann und will mich nicht damit begnügen, daher mein Hilferuf an Sie.

Wir sind, was wir bis vor einem Jahr glaubten, wie man so sagt, eine intakte Familie. Unsere vier Kinder sind unsere große Lebensaufgabe. Als Nur-Hausfrau bin ich für die Kinder da und versuche, jedem nach seinen Anlagen gerecht zu werden. Mein Mann ist Heimerzieher und hat gerade in der Zeit, in der die Kinder klein waren, viel mit ihnen gespielt. Keine Zeit ist ihm zu ungelegen, ein Gespräch zu führen oder evtl. bei Aufgaben zu helfen. Keinen Urlaub verbringen wir ohne die Kinder, in dem sich jeder ganz nach seinen Wünschen beschäftigen kann wie Lesen, Handarbeiten, Geigen, im Wald Fußballspielen etc.

Alle Kinder besuchen ein Gymnasium. Jeder erhält privaten Musikunterricht. Alle haben ein eigenes Zimmer, in das sie sich zurückziehen können. So weit alles gut. Nun zum Problem: Angelika, 18 Jahre alt.

Sie ist eine begeisterte Cellistin und hat sich intensiv an ihren Lehrer gebunden. Im Herbst 1974 kündigte der Lehrer seine feste Position beim hiesigen Orchester. Bis 1975 im Sommer fielen die Stunden häufig durch Krankheit des Lehrers aus. Als wir erfuhren, daß er nervlich krank sei, wollten wir unsere Tochter zum Wechsel veranlassen. Für sie war das unmöglich, sie wollte nicht, und wir ließen sie weiter in den Unterricht gehen, allerdings mit dem strikten Hinweis, wöchentlich nur eine Stunde zu nehmen. Das war der Beginn unserer Spannungen. Nach ihrer Meinung sparten wir an ihr

– so ihre Aussage. Alle vorgebrachten Argumente zählten nicht, und unsere Hoffnung, sie auf diese Weise von ihm zu lösen, erfüllte sich nicht. Im Februar ging sie auf einen Wettbewerb „Jugend musiziert" und erspielte sich den ersten Preis. Wir freuten uns mit ihr. Danach versuchte sie, an der hiesigen Musikhochschule angenommen zu werden, um uns von ihrer Tüchtigkeit zu überzeugen und auf unser Geld verzichten zu können. Sie wissen ja sicher, daß Begabungen kostenlos gefördert werden. Das klappte aber nicht, ihr Vorspielen reichte nicht aus, und so mußte sie einige Tage später meinem Mann alles erzählen in der Hoffnung auf Hilfe. Allerdings war sie nach ihren Aussagen nicht abgelehnt worden wegen mangelnden Talents, sondern nur, weil sie Schülerin des B. war. Jetzt wollte sie sofort zum ersten Professor unserer Hochschule. Einzelstundenpreis zwischen 100.– bis 120.– DM. Im Hinblick auf unsere anderen Kinder geht das über unsere bescheidenen Verhältnisse. Mein Mann lehnte deshalb diese Forderung ab.

Seit Oktober hat sie nun ihre beiden Zimmer zum eigenen Gefängnis gewählt. Kein Bild, kein Buch, keine Blume schmückt mehr ihren sonst so schönen Wohnraum. Sie hat alle Sachen in einer fremden Tasche und einem uns fremden Koffer. Seit dieser Zeit trägt sie täglich einen Rock und einen Pullover, den wir spaßhalber als B.-Tracht deklarieren, weil wir anfangs glaubten, es sei Zufall, daß sie just das anzog, wenn sie in die Stunde ging oder wenn er lange fort war und sie auf den Anruf, wann sie Unterricht habe, wartete. Wir haben ihr, da wir um ihren Auszug bangten, angeboten, oben alleine zu leben, damit sie wenigstens bis zum Abitur (Juni 78) versorgt wird und diese Klippe schafft. Wir bangen von Tag zu Tag. Beim Umhören unter Mitschülerinnen wird sie als sehr zurückgezogen geschildert. Sie hat keinen Freund, aber auch keine Freundin. Nur vermute ich, daß sie noch Verbindung mit Herrn B. hat. Sonst könnte sie nicht ein so freches Auftreten – wenn sie überhaupt mal spricht – haben. Ganz sicher ist, daß sie sich in ihrem Cellospiel unverstanden fühlt und dadurch auch allgemein glaubt, nicht wie die anderen Kinder gleich behandelt zu werden. Unser Sohn hat eine große Begabung. Er hat durch seinen Lehrer schon einige Male Gelegenheit gehabt, auch öffentlich zu spielen. Vielleicht hat dieses Wissen um das Talent des älteren Bruders, der alles so leicht erreicht, ohne viel üben zu müssen und immer frohen Mutes ist, während sie täglich 3–4 Stunden hart arbeitet, langsam aber stetig in ihr den Neid genährt. Was kann ich aber mehr tun, als den Kindern immer wieder die Einmaligkeit eines jeden Geschöpfes zu erklären, daß jeder seine Aufgabe hier zu erfüllen hat und mit seinen von Gott geschenkten Talenten arbeiten muß?

Ich weiß keine Möglichkeit mehr. Sie grüßt nicht mehr, wenn wir einander begegnen, und gibt auf Fragen keine Antwort. Vor Monaten hat sie uns gesagt, daß sie gewählt habe zwischen Herrn B. und uns und daß sie sich für ihn entschieden habe; wir seien für sie gestorben.

Mit ihr zum Arzt zu gehen ist unmöglich, denn sie würde nicht mitgehen. Wem sollte ich sie auch anvertrauen? Ihre Gesinnung kennen wir und schätzen wir. Können Sie helfen?

*Ihre D. T.*

Liebe Frau T.!

Ja, was ist das für ein scheußlicher Zustand – Ablehnung und Krieg unter dem eigenen Dach, vermischt mit Sorgen und Angst um ein geliebtes Kind! Guter Rat ist in einer solchen Lage in der Tat teuer! Vor allem fehlt mir – und fehlt sicher auch Ihnen – ein ganz großes Stück Information über die eigentlichen Gründe für das Verhalten Ihrer Tochter. Liebt sie ihren Lehrer? Ist sie ihm hörig? Und ist er einer jener Verführer, die die Bewunderung ihrer Schüler zu eigensüchtigen Zwecken mißbrauchen? Weiß Ihre Tochter, daß es eine solche, hohe Flammen schlagende Faszination, die eigentlich Gottesliebe ist, gibt – und weiß sie, daß manche Männer geradezu suchtartig darauf bedacht sind, sich junge Mädchen hörig zu machen? Hat sie schon einmal etwas von den bitteren, bitteren Liebesenttäuschungen gehört, die durch die Treulosigkeit dieser – meist auch verheirateten Liebhaber entstehen? Wenn es so wäre, ist es aber auch zu spät, ihr zum jetzigen Zeitpunkt solche Lebenserfahrungen mitzuteilen. Faszination ist wie ein Zauber, der mit rationalen Mitteln nicht zu brechen ist. Erst wenn er nicht mehr wirksam ist, kann die Einsicht wachsen. Da 18jährige jetzt ja auch vor dem Gesetz mündig sind, entfällt das Recht der Eltern einzugreifen oder gar den Verführer zu verklagen. Maßnahmen dieser Art, die früher manchmal per Schocktherapie bewirken konnten, daß die Mädchen in die Wirklichkeit zurückkehrten, gibt es heute nicht mehr.

Die einzige Chance hätten Sie m. E., wenn der Hauptgrund der Abweisung darin bestünde, daß sie sich von Ihnen verkannt fühlt. Deshalb würde ich doch noch den Versuch machen, Ihrer Tochter die Möglichkeit zu geben, bei einem namhaften Professor einer Ihrer Musikhochschulen als Celloschülerin angenommen zu werden. Ich würde dafür auch keine Mittel scheuen; denn es kommt ja zunächst darauf an, überhaupt die Fixierung an den alten Lehrer aufzulösen. Die Möglichkeit einer „Entzauberung" wäre viel leichter gegeben, wenn die Tochter zunächst einmal erkennen könnte: In der negativen Einschätzung meiner Eltern habe ich mich getäuscht. Sie tun wirklich alles, um meine Begabung zu fördern. Erfahrungsgemäß verstärken sich der Widerstand und die Faszination, wenn der Kampf mit den Eltern eskaliert. Dann scheint der gütige Lehrer in der Tat nur noch die einzige Stütze, der einzige Hort der Geborgenheit zu sein! Eine solche zusätzliche Erschwerung der Situation sollten Sie vermeiden!

Die Sehnsucht nach Lebenserfüllung ist bei Ihrer Tochter an die Ausübung von Musik geknüpft. Das ist im Grunde ein schöner und beglückender Erziehungserfolg, den Sie da zu verzeichnen haben. Da der Geist der Musik die Seele eines jungen Mädchens sehr direkt in Anspruch nehmen kann – und das ist ein guter Weg –, wird der Lehrer aber häufig als Vermittler für den Schöpfer dieser wunderbaren Verbindung von Erde und Himmel, von Materie und Geist selbst gegenommen. Der Lehrer wird dann zum Abgott. Das schadet nichts, wenn er solche Zusammenhänge kennt und – aus Verantwortung für die Schülerinnen – Askese zu üben versteht. Einen *solchen* Lehrer sollten Sie so rasch wie möglich für Ihre Tochter suchen. Sie werden dann sicher noch viel Freude an ihrer Entwicklung haben!

Aber auch wenn erst der andere Weg über Auszug und Lebensleid gegangen werden muß, sollten Sie nicht aufgeben! Gerade dann braucht die Tochter Ihr Verstehen, Ihre Treue, Ihre Bereitschaft für sie dazusein und mit ihr neue Wege zu suchen, nachdem die erst erstürmten sich als Sackgasse erwiesen. Oft muß der junge Mensch Umwege gehen, ehe er klug werden kann. Wir können solche Wege zur Reife unseren Kindern, schon ganz und gar nicht dieser emanzipierten Jugend ersparen. Und oft führt dann gerade doch erst die eigene Erfahrung zu guter Erkenntnis und Unterscheidungsfähigkeit.

Dennoch wünsche ich Ihnen gewissermaßen von Mutter zu Mutter von Herzen, daß Sie noch rechtzeitig die emotionale Aktivität Ihrer Tochter auf ein anderes Gleis umpolen können!

*Ihre C. M.*

# Elterliche Sorgen um eine Bindung der Tochter

Sehr verehrte, liebe Frau Meves!

In letzter Zeit machen wir uns Sorgen um unsere Tochter, die in diesem Monat siebzehn Jahre alt wird. Seit etwa fünfzehn Monaten hat sie ein freundschaftliches Verhältnis zu einem zweiundzwanzigjährigen Mann. Als wir von dieser Freundschaft erfuhren, luden wir den jungen Mann zu uns ins Haus ein. Es fiel uns auf, daß unsere Tochter allein mit ihm sein wollte und wir ihn nichts fragen sollten. Er sagte uns nur, daß er eine Lehre als Elektriker im zweiten Lehrjahr abgebrochen habe, er wolle die „mittlere Reife" nachmachen. Er wollte uns zuerst auch nicht sagen, wo er wohnt.

Inzwischen haben wir erfahren, daß er mit sechzehn Jahren das Elternhaus verlassen hat und seit dieser Zeit keiner regelmäßigen Arbeit nachgeht. Er sagte uns auch, er wolle nicht mehr in die Lehre gehen, er sei für eine flexiblere Arbeit. Weiter haben wir erfahren, daß dieser junge Mann vorbestraft ist. Früher lebte er in Kommunen, jetzt hat er sich eine Wohnung gemietet. Er lebt zeitweise von Sozialhilfe.

Wir haben unserer Tochter von dieser Freundschaft dringend abgeraten, doch sie schlägt alle unsere Warnungen in den Wind. Da sie weiß, daß wir gegen dieses Verhältnis sind, trifft sie sich heimlich mit dem Freund. Unsere Tochter sagte ihm, wir wüßten, daß er vorbestraft sei. Seitdem meidet er unser Haus.

Vor etwa vierzehn Tagen bekamen wir von einem Frauenarzt die Aufforderung, für unsere Tochter, die bei ihm in Behandlung gewesen sei, einen Krankenschein zu schicken. Wir fragten unsere Tochter, warum sie beim Frauenarzt gewesen sei. Sie antwortet, das sei ihre Privatsache. So fragte ich den

Arzt am Telefon, was denn unserer Tochter gefehlt habe. Er antwortete: „Gar nichts, ich habe sie untersucht und ihr ein Rezept ausgeschrieben." Darauf ich: „Was für ein Rezept?" – „Da fragen Sie nur Ihre Tochter selbst, sie ist siebzehn Jahre alt; wenn ich Ihnen etwas sagen würde, könnte sie sich einen Anwalt nehmen und gegen mich klagen." Ich antwortete, unsere Tochter sei ja noch keine siebzehn Jahre und somit minderjährig, er könne doch nicht ohne unser Einverständnis etwas verschreiben. Darauf er: „Ihre Tochter hat gesagt, Sie wären damit einverstanden." Unsere Tochter hat uns nun gestanden, daß der Arzt ihr die Antibabypille verschrieben hat. Sie will aber nicht gesagt haben, wir seien damit einverstanden.

Wir leben in geordneten Verhältnissen. Aus unseren Kindern sollen einmal rechte Menschen werden. Wenn diese Unzucht geduldet, ja sogar gefördert wird, was soll dann aus unseren Kindern werden?

Ich mag nirgends mehr hingehen. Ich spüre, wie man hinter mir herlächelt. Manchmal habe ich so eine Angst um unsere Tochter, wie ich es noch nie gekannt habe.

Bitte geben Sie uns doch einen Rat, wie wir uns unserer Tochter, dem Freund und dem Arzt gegenüber verhalten sollen.

Für einen guten Rat wären wir Ihnen sehr dankbar.

Mit freundlichen Grüßen *M. H.*

Liebe Frau H.!

Aus Ihrem Brief klingt so deutlich die Sorge um die Tochter; ich verstehe Sie sehr gut, und dennoch ist es, so wie die Dinge liegen, kaum möglich, etwas zu tun. Jedenfalls mache ich mit unseren emanzipierten Mädchen die Erfahrung: Solange sie in Liebe „entbrannt" sind (die erste sexuelle Beziehung kann ein Mädchen ja geradezu hörig machen), ist es für die Eltern praktisch unmöglich, einzugreifen. Man kann eine Siebzehnjährige nicht zu Hause festbinden. Zwar halte ich es, wie Sie es auch taten, für sehr sinnreich, die Tochter zu bitten, den Freund mit nach Hause zu bringen, ich halte es auch für richtig, zunächst so vorurteilslos wie möglich den Freund zu akzeptieren; aber ebenso nötig ist es, behutsam Bedenken anzumelden, wenn offensichtlich wird, daß er nicht der „Richtige" ist. Zwar pflegen solche Bedenken der Eltern im Zustand hochgradiger Faszination der Tochter für ihren Angebeteten zunächst nicht zu fruchten, aber die Vorstellungen der Eltern tauchen doch wieder hilfreich auf, wenn das Mädchen selbst ins Stadium der Ernüchterung gerät. Es hat Vorteile, in dieser Weise ebenso behutsam wie richtungweisend zu reagieren, denn erstens verliert die Tochter dann nicht das Vertrauen, und zweitens wird ihr der Weg zurück leichter, wenn sie vorher nicht in heftige Auseinandersetzungen mit den Eltern geraten ist.

Dem Freund gegenüber würde ich mich so tolerant wie möglich verhalten. Ich würde ihm das Haus nur verbieten, wenn er sich ungebührlich, schlimm unhöflich, rücksichtslos und frech verhalten hat. Aber sonst würde ich Ihnen raten, gewissermaßen „gute Miene" zu machen, weil sich die emanzipierten „Kinder" sonst doch einfach nur von zu Haus absetzen und der elterliche Einfluß damit auf den Nullpunkt sinkt. Es gibt (in Ausnahmen) ja auch so etwas: daß ein junger Mann durch die Geborgenheit in einer geordneten und liebevollen Familie wieder auf eine gute Bahn kommt. Vielleicht ist seine Straffälligkeit nur eine Folge der fehlenden Nestwärme, die er in Ihrem Hause (nicht durch dort Wohnen, sondern durch seine Besuche) allmählich nachgeliefert bekommen könnte?

Jedenfalls meine ich, daß es sinnvoll ist, den Freund nicht sofort zu verwerfen, weil er straffällig geworden ist oder weil er zur Zeit arbeitslos ist. Vielleicht käme er mit Ihrer Hilfe auf die Beine? Das ist ja gewiß auch der intensive Wunsch Ihrer Tochter. Viele Mädchen beweisen nicht ihre Schlechtigkeit, wenn sie sich in Straffällige verlieben, sondern eben gerade ihr „gutes Herz". Und wenn das Abenteuer auch gefährlich ist, so kann es doch einen guten Ausgang haben.

In bezug auf Ihre Frage, ob der Arzt Ihrer Tochter ohne Ihre Einwilligung die Pille verordnen darf, muß ich leider sagen, daß man es rechtlich den Ärzten möglich gemacht hat, den jungen Mädchen von ihrem sechzehnten Lebensjahr ab ohne Einwilligung der Eltern Antikonzeptiva zu verordnen. Unkorrektes Verhalten ist ihm also nicht vorzuwerfen.

Es tut mir leid, *mehr* nicht sagen zu können. Vielleicht mag es Sie trösten, wenn Sie hören, daß viele, viele Eltern heute mit ihren Jugendlichen ähnliche Schwierigkeiten haben, denen man nicht beikommen kann. Ich bin aber davon überzeugt, daß jede Zeit ihre ganz spezifischen schicksalhaften Nöte hat – und daß dieses einen Sinn hat: daß wir gerade an den Dingen, die sich nicht ändern lassen, neu unsere Grenzen sehen lernen und neu zur Demut finden sollen. Denn das Aushalten und Tragen von großem Kummer macht oft klüger als eine lange Schulbildung. Auch Sie werden an Ihrem Kummer reifen können, wenn Sie ihn annehmen. Nur der Hader gegen Gott angesichts eines unabwendbaren Leides macht hart und dumm.

*Ihre C. M.*

# Ermunterung und Anleitung zum Stillen

Sehr geehrte, liebe Frau Meves,

beim Schreiben des beiliegenden Briefes, einer Aufmunterung zum Stillen, dachte ich, daß Sie vielleicht mit einigen meiner gut erprobten Tips auch etwas anfangen könnten in Ihrer Praxis. Deshalb schicke ich Ihnen einfach unaufgefordert den Durchschlag eines Briefes an eine junge Mutter, hoffentlich finden Sie es nicht unverschämt. –

Ihre Bücher sind für mich immer wieder eine Ermutigung ohnegleichen, eine Hilfe und ein Trost bei unserer unzureichenden Kindererziehung, und dafür möchte ich Ihnen, verehrte Frau Meves, heute einmal von Herzen danken.

Für Ihre weitere Arbeit wünsche ich Ihnen von Herzen den Segen Gottes, den Mut, all das zu sagen, was oft so vergeblich scheint und doch so dringend gesagt werden muß. Ich freue mich immer über Ihren Mut.

Frohe Weihnachten und freundliche Grüße.

Liebe Frau N.,

nun will ich mal zu später Abendstunde versuchen, ob ich meine Gedanken noch so weit zusammenbringe, daß ich Ihnen ein paar Ratschläge für Ihre kommende Stillzeit geben kann. Es ist ja noch Zeit bei Ihnen, aber stellen Sie sich ruhig schon darauf ein, je eher, desto besser.

Nach meiner Erfahrung klappt es mit dem Stillen am besten bei den Müttern, die ein wenig bequem und nicht allzu pünktlich sind. Am leichtesten geht es, wenn man eine Säuglingswaage erst gar nicht anschafft und die Uhr möglichst für ein paar Monate stehen läßt. Hoffentlich sind Sie von Natur ein bißchen faul und machen alles am liebsten im Liegen, dann geht es sicher prima!

Natürlich schwitzt man zuerst, bis das Baby die Trinkerei kapiert hat und richtig zufaßt, aber das müßte im Krankenhaus schon klappen. Trotzdem kommen heute die meisten jungen Mütter heim und haben nicht genug Milch – keine Angst, die Brust kann noch lange in Gang kommen. Jedesmal beide Seiten geben, und zwar so: Rechts etwa 5 Minuten, dann links 5, dann wieder rechts und wieder links. Diese Methode stammt von einem alten Kinderarzt, und ich habe sie schon oft mit Erfolg empfohlen und auch selber erprobt. – Wie gesagt, alles gemütlich im Liegen, ohne Uhr und Waage, egal, was man Ihnen im Krankenhaus erzählt hat. Ein gesundes Baby holt sich, was es braucht, und verhungert nicht so leicht, so zerbrechlich es auch wirkt. Wenn es nicht genug hat, meldet es sich früher und sollte dann auch gestillt werden. – Keine Sorge, wenn man zuerst auf sieben und mehr Mahlzeiten kommt, das reguliert sich schnell, wenn die Brust richtig funktioniert und genug Milch da ist. Ich habe noch keine Frau erlebt, ob sie nun 38 oder 22 Jahre alt war, bei der die Milch nicht geflossen wäre nach dieser anfänglichen Nervenprobe.

Ich habe natürlich auch nachts gestillt, wenn das Kleine sich gemeldet hat, das ist die kraft- und nervenschonendste Art für die ganze Familie, über die erste anstrengende Zeit zu kommen. Zumal man dann froh ist, etwas Milch loszuwerden, ich konnte oft nicht schlafen, weil ich zu viel hatte und war dann glücklich, wenn die Erleichterung kam... Pumpen wollte ich nicht mehr und empfehle es auch nicht, es strengt unnötig an, das viel saugende Kind pumpt am besten. Sie brauchen keine Angst zu haben, Ihr Kind für seine ganze Babyzeit oder gar fürs Leben zu verwöhnen, wenn Sie es anfangs ganz nach seinen Bedürfnissen stillen. Unsere Kinder haben sich sehr schnell einen Stundenplan gemacht, der auch für mich angenehm war, vor allem ließen sie schon bald die 22-Uhr-Mahlzeit weg und waren meist mit 3 Monaten auf 4 Mahlzeiten. Das Problem ist dagegen bei vielen Müttern, daß durch die von mir vorgeschlagene Beanspruchung die empfindlichen Brustwarzen wund werden. Das kann sehr weh tun, ist aber trotzdem kein Grund zum Aufgeben. Nach der Geburt von Johannes meinte die Hebamme damals, ich käme mit meinen sog. blonden Warzen ja doch nicht weit beim Stillen, ich solle besser gar nicht damit anfangen. Ich hatte dann auch oft Schwierigkeiten mit Wundsein und Schrunden im ersten Vierteljahr und sogar einer schweren Entzündung – und trotzdem konnte ich alle vier Kinder etwa ein Jahr lang stillen. Hauptsächlich wohl deshalb, weil ich rein zufällig – Zufall ist das, was Gott uns im rechten Augenblick zufallen läßt! – auf eine sehr gute Salbe gestoßen bin, die seither außer mir schon vielen stillenden Müttern geholfen hat, *Noviform-Salbe.* Mein Hausarzt verschrieb mir immer gleich 10 von den kleinen Tuben, man bekommt sie aber auch ohne Rezept, außer es hätte sich geändert. Vor dem Stillen die Salbe abwischen zum Schutz der kindlichen Mundflora.

Im Krankenhaus bekommen Sie evtl. gesagt, vieles Trinken helfe gar nichts bei der Milchproduktion, das stimmt aber nicht, es hilft – ich wäre heute eine viel bessere Säuglingsschwester als vor 20 Jahren, schade, daß ich hier für alle Zeiten mit Landleben beschäftigt bin.

Zurück zum Trinken: Ich sehe immer noch meine Schwester, die ihre fünf Kinder lange und gut und mühelos gestillt hat – wenn das Baby sich meldete, ging sie zuerst zum Kühlschrank und trank eine ordentliche Ladung Milch. Ich mag keine Milch und hatte dafür immer die Saftflasche am Bett stehen – es war die reine Reflexhandlung: Baby maunzt, Milch schießt mit kleinem Stich in die Brust, und ich habe Durst! Letzte Woche war eine junge Mutter bei uns, die jetzt schon ihr zweites Kind im neunten Monat stillt, nur Obst und Gemüse füttert sie zu. Natürlich ißt das kleine Krabbeltier auch schon Brotrinden und manches am Tisch mit, Quarkspeisen z. B., aber weil die Mutter so gern stillt, muß es vermutlich noch eine Weile bei ihr trinken – wie mir das bekannt vorkommt! Gestern hatte Daniel zwei Freunde aus seiner Klasse hier, beide einen Kopf größer als er und ziemlich dick, aber nicht halb so drahtig und abgehärtet wie er. Gewiß, wir wohnen im Wald, sind viel draußen und haben immer noch kein Fernsehen – aber ob nicht doch seine natürliche und so billige Säuglingsernährung sich bis heute noch auswirkt? In meinen Augen positiv.

Ich wünsche Ihnen eine frohe und gesegnete Weihnachtszeit – ist es nicht wunderbar, ein Kind durch Weihnachten tragen zu dürfen? Oder ging das nur mir so vor drei Jahren?

Überhaupt beneide ich Sie richtig: Hätte ich doch auch ein Wochenbett und eine Stillzeit vor mir! Schütteln Sie nur den Kopf, und schimpfen Sie ein wenig auf meine Unvernunft, ich sage es ja selber, daß ich einen Instinkt habe wie eine Katze. Manchmal glaube ich, daß es ein Verlust ist für die emanzipierte Frau von heute, daß ihr der mütterliche Katzeninstinkt fehlt, sonst könnte sie auch viel müheloser stillen.

Für 1977 wünsche ich Ihnen und Ihrem Mann alles Gute, vor allem ein gesundes Kind und viel, viel Freude mit ihm – ich bin so froh, daß Sie mit der Schule aufhören und Ihr Kind genießen wollen, wenn doch alle unsere Lehrerinnen so einsichtig wären!

*Ihre G. F.*

Liebe Frau F.,

ganz herzlichen Dank für Ihren Brief. Ich habe mich von ganzem Herzen darüber gefreut, daß Sie mir diesen so sorgsamen Brief und die Anleitung zum Stillen geschickt haben. Ich will den Brief meiner Tochter zu Weihnachten schenken, die ihr zweites Kind erwartet, mit dem ersten aber schon die beglückenden Erfahrungen gemacht hat, von denen Sie berichten. Wie schön, daß es in Deutschland noch solche Mütter gibt wie Sie, liebe Frau F.! Wie bin ich Ihnen dankbar. Sie stärken auch mich, in meiner Arbeit nicht müde zu werden. Ich habe es ja in bezug auf das Vertreten dieser Standpunkte nicht ganz leicht. Es gibt leider eine Menge Leute, die geradezu gierig darauf aus sind, die Frauen daran zu hindern, fröhliche Mütter zu sein.

*Ihre C. M.*

# Über das Fernsehen im Kindesalter

Sehr geehrte Frau Meves!

Ihre beiden Beiträge in der Medical Tribune Nr. 34 habe ich mit Interesse und Zustimmung gelesen. Leider ist zu befürchten, daß der Kurs unserer Zeit nicht verändert werden kann.

Abgesehen von den richtigen und sehr wichtigen Feststellungen und Hinweisen Ihrer beiden Arbeiten bzw. Auszug aus Kongreßrede, finde ich, daß für die doch weltweite Veränderung der Kinder und Jugendlichen zumindest mit als Ursache das verderbliche Fernsehen gesehen werden muß. Mag sein, daß Sie das selbst schon so betrachtet und publiziert haben, ich möchte trotzdem auf etliche Tatsachen besonders hinweisen, denn es gilt ja: „Doppelt genäht hält gut!“, und ich kann mit meinen 78 Jahren aus dem Invaliden- und Ruhestand meine Stimme nicht mehr zur Geltung bringen, verlasse mich daher nötigenfalls auf Ihr Gewicht in der Welt der Pädagogik und der Psychologie.

Der Inhalt des Fernsehens ist sicher weniger wichtig. Nach meiner Ansicht wird ein Kind aus einer disziplinierten Familie wegen des Fernsehens noch lange kein Verbrecher, wohl kann das aber bei einem Kind aus einer mangelhaften Ehe der Fall sein.

Ich halte das Fernsehen aller nicht lehrreichen, wertvollen Sendungen für Kinder aller Familien für verhängnisvoll. Das TV ist ja so ein bequemer und billiger Baby- und Kindersitter, daß Eltern allzuleicht diese Möglichkeit exzessiv benützen. Es entlastet sie und beschäftigt die Kinder so, daß man Ruhe vor ihnen hat. So gewöhnen sich diese Kinder daran, ihre Freizeit, auch bei schönstem Wetter, vor dem TV-Schirm zu verbringen und alles zu konsumieren, was darauf flimmert. Außerdem sehen viele Kinder noch Sendungen für Erwachsene, was die ungünstigen Wirkungen nur steigert.

Diese Kinder gewöhnen sich daran, absolut passiv unterhalten zu werden, wenn nur Auge und Ohr funktionieren, so sind sie voll absorbiert. Es darf dann niemand stören – und meist ist auch kein Erwachsener da, der nötigenfalls erklärt oder abschaltet. Die als Kindersendungen ausgedruckten Sendungen sind zu einem großen Teil völlig blödsinnig, helfen aber die Zeit realiter „totzuschlagen“: Sendungen mit Phantasietieren, die sich im Nu in ganz anderes Viehzeug verändern, teilweise durch Explosionen oder mit Hilfe eines durchstiegenen hohlen Baumes oder eines Möbelstückes mit etlichen Schubladen. Da kreucht eine Maus oben rein, und unten kommt ein Elefant heraus oder dergleichen Quatsch. Es wird auch ratternd geschossen, meist geschieht das alles ohne zusammenhängenden Sinn, aber es unterhält doch die Kinder, denn auf der Mattscheibe geschieht etwas und ist etwas los, teilweise sogar zum Lachen, teils zum Angstkriegen. Das ist aber alles sekundär, wichtig ist alleine, daß die Kinder wertvolle Zeit zum Spielen oder für andere Tätigkeiten und Kommunikationen unwiederbringlich verlieren.

Durch TV werden die Kinder zur Passivität gewissermaßen erzogen, ihr Denken, ihre Phantasie und ihre Kreativität muß ja verkümmern. Das gilt auch für mit Erwachsenen gesehene Abendsendungen. Da sitzen viele Familien stur vor der Mattscheibe, es darf kein Wort gesprochen werden, Besuche werden abgewimmelt oder mit vor die Glotzkiste gesetzt und zum Schweigen verdammt. Nebenher wird gegessen, getrunken und ebenso schweigend geraucht. Wer stört, wird prompt angeschnauzt, und Kinder dürfen meist nicht einmal etwas fragen. TV ist daher geradezu ein nicht nur erziehungs-, sondern menschenfeindliches Gerät.

Kommen solche TV-gewohnten Kinder in das Stadium des Lebens, in dem sie einen Beruf erlernen müssen, gibt es kein Fernsehen, und sie fühlen sich selbstredend frustriert. Sie haben nicht „live“ Leben gelernt, sondern haben nur Bilder des

Lebens aus der Konservenmaschine mitbekommen. Woher sollen sie Mut und Hoffnung nehmen, wie sollen sie sich selbständig im Leben bewegen und vorwärtskommen? Viele werden mürrisch und bleiben ohne Hoffnung, gefährdet von Rauschgift und jeder Art von Verbrechen.

Der üble Geist der Zeit wirkt in ihnen mit zum Unheil. Sonst wäre es nicht möglich, daß Vier- bis Sechsjährige aus Rache oder zur Bestrafung der nicht genug permissiven Eltern die Fenster hinausschlugen und andere Zerstörungen für Tausende von Mark angerichtet haben.

So etwas wäre in früheren Zeiten ganz unmöglich gewesen, auch daß, wie hier in der Nähe geschehen (ähnlich wie damals in Köln), zwei zwölfeinhalbjährige Buben einen dritten niedergeschlagen und getreten haben, daß er liegen blieb und liegengelassen wurde, bis ihn später der Sanitätswagen mit Blaulicht in die Chirurgische Klinik bringen mußte.

Während des Fernsehens findet Erziehung nicht statt, auch nicht Liebe und Vorbild. Die Eltern etwas gehobener Berufe halten ihn, ohne objektive Begründung, für einen optimalen Erzieher. Sie wollen etwas „in“ die Kinder hineinerziehen, statt Geburtshelfer dessen zu sein, was aus den Kindern „herauswill“. Auf alle Fälle sind Fernsehkinder nicht für das live-Leben ausgerüstet. Sie verlieren pro Jahr gut einen ganzen Monat, während zwölf Schuljahren ein Jahr, um sich in das Leben einzureihen, zu spielen, zu streiten, sich zu behaupten und zu beobachten, kreativ zu sein und Ideen zu haben und Erfahrungen zu sammeln.

Wenn ich Ihnen – eventuell – nichts Unbekanntes mitgeteilt habe, so habe ich einerseits – wie ich glaube – meine Pflicht getan und wenigstens versucht, meine Gedanken weiterzutragen und eine gewisse Kommunikation zwischen Rollstuhl und voller Mobilität Gesunder hergestellt.

Mit freundlicher Begrüßung
Ihr sehr ergebener *J. O.*

Sehr geehrter Herr Dr. O.

Herzlichen Dank für Ihren Brief vom 19. August. Ich habe mich sehr darüber gefreut, mit welcher Beobachtungsschärfe Sie sich die Gefahren eines zu großen Fernsehkonsums für die geistige Entwicklung unserer Kinder bewußtgemacht haben. Wenn nur Eltern und Großeltern dies ebenso klar sehen und auch danach handeln würden! Wer von uns würde unsere Kinder jeden Tag vor einen Röntgenapparat setzen? Wir wissen, Röntgenstrahlen sind schädlich für das Wachstum der Organe, sie können Blutkrebs bewirken und die Fortpflanzungsfähigkeit einschränken. Es ist ganz selbstverständlich, daß wir deshalb mit einer solchen Apparatur höchst vorsichtig umgehen. In bezug auf den Fernsehapparat ist von dergleichen Vorsichtsmaßnahmen im allgemeinen weit und breit nichts zu merken – im Gegenteil: Sie steht da nun einmal, die Flimmerkiste, meist mitten im Wohnzentrum der Familie, und die einhütenden Großmütter haben längst erkannt: Dann hat man seine Ruhe! Dann kann man etwas anderes tun, dann ist man den unruhigen Plagegeist erst einmal los! Mit Recht vermuten Sie, daß die Kinder auf diese Weise in die Passivität genötigt werden. „Aktivitätsatrophie" habe ich dieses bedenkliche Phänomen genannt, weil sich diese Fehlentwicklung keineswegs durch Ermahnungen oder verbale Appelle wieder austreiben läßt. Das liegt vor allem daran, daß jeder Entwicklungsansatz im Stadium seines Entwicklungsbeginns einer zusätzlichen Förderung durch die Außenwelt bedarf. Die Vorübung zur körperlichen Betätigung, zur Körperbeherrschung muß deshalb in der Zeit beginnen, in der der Mensch sich selbständig fortbewegen kann. Hindert man (durch langes tägliches Hocken vor dem Fernsehapparat im Kleinkind- und Grundschulalter) die Kinder an solchen permanenten Übungen, so bleibt die Freude an körperlicher Bewegung aus. Dies nun hat, besonders bei den kleinen Jungen auch eine Ichschwäche zur Folge (nur ein kräftiger Körper entwickelt ein hinreichendes Selbstgefühl). Aber dieses Fehlen des Einübens in Motorik bewirkt auch, daß die *geistige*

Beweglichkeit gar nicht erst in Gang kommt. Das Überangebot an Fernsehreizen tötet zudem die Einübung und Betätigung der Phantasie im Ansatz ab, so daß der natürliche Einfallsreichtum des Menschen verkümmert. Das hat Furchtbares zur Folge: Der junge Mensch verliert seine natürliche schöpferische Produktivität, er wird grundsätzlich ein Rezeptiver, der lebenslänglich darauf angewiesen ist, daß ihm ein Vorkauer geboten wird. Die Entwicklung theoretischer Intelligenz, wie sie bei uns dann einseitig in der Schule betrieben wird, gibt dem Menschen der Zukunft kaum Möglichkeit zu einer kritischen Urteilsbildung, er kann (mit Logik) nur noch nachplappern, was irgendwer vorbetet. Deswegen ist ein Mensch, der während der Kindheit permanent einem solchen unschöpferischen Intellektualismus ausgesetzt war, besonders anfällig für die Einflüsterungen von demagogischen Ideologen. Es würde Rückschritt in die Barbarei bedeuten, wenn auch die differenziert angelegten Kinder durch ihre Kindheit hindurch ihre Tage vor dem Fernsehapparat verbringen müßten; denn die Entfaltung der Phantasie geschieht über das Spiel und die eigenschöpferische freie Gestaltung im Kleinkindalter. Dazu müssen die Kinder ausreichend Gelegenheit bekommen, sonst bleibt die Möglichkeit zur schöpferischen Empfindungsfähigkeit aus. Das hat zwei verheerende Folgen: 1. Der heranwachsende Mensch verliert die Beziehung zu den instinktiven, intuitiven Bereichen seiner Seele und damit das Gespür für das Wesentliche, die Unterscheidungsfähigkeit zwischen Echtem und Unechtem. 2. Es geht die Kraft, aus der Fortschritt geboren wird, verloren, nämlich die Möglichkeit zum schöpferischen Einfall, der auch in der Wissenschaft ganz unentbehrlich ist.

Sie haben auch recht, wenn Sie betonen, daß bei mißbräuchlichem Fernsehen die Aggressivität der Kinder gesteigert wird. Frustrationen führen eben häufig zur Vermehrung von Aggressionen. Das Fernsehen verhindert aber, daß die Kinder das bekommen, was sie in diesem Entwicklungsstadium unentbehrlich brauchen: Aktivität, Körperbeherrschung, kreatives Spiel. Als zweites werden Kinder, die durch

Fehlformen in der elementaren Pflege bereits ein gesteigertes Aggressionspotential erworben haben, durch aggressive Inhalte in den TV-Stücken zusätzlich stimuliert. Der Vormacher Fernsehen wirkt als anregender Auslöser und gleichzeitig durch die Überflutung mit Gewaltdarstellungen als Gemüts- und Gewissensabstumpfer. Es ist so selbstverständlich, daß einer zusammengeschlagen wird, es ist so üblich, daß jemand einen anderen brutal quält, daß man das auch in der Wirklichkeit in Ruhe mit ansehen, ja sogar ebenso vollziehen kann, wie man es auf dem Bildschirm gesehen hat.

Wenn ich den bemühten Eltern diese enormen Gefahren des „Teufels im Wohnzimmer" darstelle, werden sie meist sehr nachdenklich – aber das allein genügt nicht. Wer Kinder im Haus hat und keine Schulschwierigkeiten haben möchte, wer sich Nachkommen wünscht, die Freude machen und durch besondere Leistungen später sogar Anlaß zu elterlichem Stolz sein sollen, der verbanne den Apparat aus dem Zentrum der Familie, schaffe ihn am besten sogar ab, solange die Kinder im Entwicklungsalter sind, oder sehe mit ihnen zusammen nur selten und ausgewählte Sendungen. Je strengere und bewußtere Askese Eltern mit ihren Kindern hier betreiben, um so mehr werden sie später die guten Früchte dieser höchst unbequemen Bemühungen ernten!

Lieber Herr Dr. O., ich danke Ihnen herzlich dafür, daß Sie mit mir Sorge tragen um unser „leichtsinniges" Verhalten und mit mir Wege suchen, wenigstens die Bemühten vor neuem Unglück mit ihren Kindern zu bewahren.

*Ihre C. M.*

## Zwischen Freiheit und Gesetz

Liebe Frau Meves!

Ich habe in C. Ihren Vortrag gehört, mußte dann aber am Nachmittag abreisen, so daß ich die Fortsetzung nicht mehr verfolgen konnte.

Bei Ihrem Vortrag sind mir Fragen aufgetaucht, die ich Ihnen gerne mitteilen möchte zum Überdenken. Ich möchte diese Zielen nicht als Gedankenstreit auffassen, mehr als Erweiterung des Gesichtskreises.

Sind Sie der Meinung, daß bei absoluter Befolgung der „Naturgesetze", wie Sie es nannten (Brutpflege usw.), kein Mensch mehr asoziales, gestörtes, kriminelles Verhalten zeigen würde? Brauchte es keine Gefängnisse mehr zu geben? Oder ins Gegenteil verkehrt: Wäre es nicht möglich, daß trotz schlechtester Bedingungen „menschenwürdige" Resultate herauskämen?

Wie erklären Sie sich etwa das Phänomen eines Kaspar Hauser, eines Charles Dickens usw.? Wie dasjenige, daß aus *einer* Familie zwei ganz ungleich geartete Brüder wachsen? Ist der Mensch wirklich nur das Produkt von Erbanlage und Umwelt? Lebt nicht in jedem Menschen ein unverwechselbarer, einmaliger Funke? Wenn ja, woher bringt er ihn mit, wer hat ihn so stark geprägt, daß er sich auf der Erde trotz starker Behinderungen oft durchsetzt?

Meiner Meinung nach ist es gerade ein Merkmal des Menschen, daß er über seinen „gesetzlichen" Rahmen hinauswachsen kann. Ein Löwe kann nicht über das „Löwesein" hinauswachsen, ein Mensch *kann* über die Gesetze der Spezies Mensch hinauswachsen. Da ist eben Freiheit ersichtlich. Ich will nicht behaupten, daß der Mensch das in den meisten

Fällen, die Sie in Ihrem Sprechzimmer erleben, auch *tut*. Aber er *kann* es.

Diese Freiheit ist meiner Meinung nach ein besonderes Phänomen, eine Gnade Gottes. Gerade sie ist nicht das Produkt der Erziehung.

Zum Schluß möchte ich Ihnen viele positive, helfende Gedanken in Ihre schwere Arbeit senden.

*Ihr L. W.*

Sehr geehrter Herr W.!

Herzlichen Dank für Ihren freundlichen Brief. Es hat mich sehr gefreut zu sehen und durch Ihre Briefgedanken zu erfahren, daß Ihnen mein Vortrag in C. Anregung vermitteln konnte. Ich habe über die Fragen, die Sie stellen, viel nachgedacht und bin zu den gleichen Ergebnissen gekommen wie Sie.

Meine Praxiserfahrung hat mich gelehrt: Wir könnten zwar den Entfaltungsbedingungen der Art Mensch durch angemessene Pflege und Erziehung viel besser gerecht werden – dennoch wird es immer auch den Mißerfolg in der Erziehung geben, werden wir das Unglück im Einzelschicksal, das zum Beispiel ins Verbrechertum führt, niemals gänzlich ausschalten können, vor allem, weil es die „perfekte“ Erziehung, den „perfekten“ Erzieher niemals geben wird.

Trotz aller „Gesetzlichkeit“ der Entwicklungsbedingungen und der Möglichkeit ihrer Berücksichtigung durch bewußte zielgerechte Erziehung wird es immer höchst geheimnisvolle Phänomene geben: das Hervorbrechen des Genies aus einem der Slums, die Entwicklung eines großen Helfers mitten aus einem Heimschicksal. Aber dies ist absolut nicht die *Regel*, sondern einsame Ausnahme, die die Berechtigung der erkannten Regel eben gerade beweist. Dennoch ist es beglückend und tröstlich, um solche Ausnahmen zu wissen (Kaspar Hauser ist übrigens keine, er blieb kaum kontaktfähig, bis zu seinem gewaltsamen Tod ein auch geistig stark zurückgebliebener Mensch). Aber es gibt dennoch das „Wunder", und es gibt sicher eine Begnadung, die als ein unverwechselbarer, einmaliger göttlicher Funke plötzlich aufspringen und den bisher schlafenden Menschen wecken kann zu einer besonders konzentrierten Verwirklichung seiner Bestimmung.

Mir geht es in meiner Anthropologie und in meiner pädagogischen Bemühung darum: durch weniger Verstümmelungen, durch weniger zuschüttende Fehlmanipulationen der Basis für echte Entwicklung von Freiheit und Selbstverantwortung zur Verstärkung zu verhelfen, so daß der individuelle „Funke" in mehr Menschen seine Voraussetzungen erhält. Ich bin davon überzeugt, daß die Menschheit sowohl in der Phylogenese wie in der Ontogenese in einem Reifungsprozeß des Bewußtseins und der Seele steht, daß jeder Mensch de facto daraufhin angelegt ist, Gott und damit die eigene Bestimmung zu finden in seinem gänzlich einmaligen Lebensauftrag. Aber wir könnten die Zahl der Behinderungen durch Forschung und mitmenschliche Bemühung vermindern – und dies scheint mir in unserer Zeit, die durch grobe törichte Eingriffe die Behinderungen vermehrt, anstatt sie abzubauen, eine dringliche überpersönliche Aufgabe zu sein.

Ich wünsche Ihnen viel Nachdenken dieser Art – je mehr Menschen mithelfen, um so größer werden unsere Chancen, daß wir noch Fortschritte machen, statt an unseren törichten Eingriffen zugrunde zu gehen!

*Ihre C. M.*

# Joachim Illies

# in der Herderbücherei

Christa Meves / Joachim Illies
Lieben – was ist das?
Ein Grenzgespräch zwischen Biologie und Psychologie
Band 362, 128 Seiten, 12. Aufl.

Für eine menschenwürdige Zukunft die gemeinsame Verantwortung von Biologie und Theologie
Band 432, 128 Seiten, 5. Aufl.

Die Sache mit dem Apfel
Eine moderne Wissenschaft vom Sündenfall
Herausgegeben von Joachim Illies
Band 447, 176 Seiten, 4. Aufl.

Umwelt und Innenwelt
Bewußtseinswandel durch Wissenschaft
Band 487, 128 Seiten, 2. Aufl.

Zoologeleien
Band 502, 128 Seiten, 4. Aufl.

Biologie und Menschenbild
Band 526, 128 Seiten, 2. Aufl.

Christa Meves / Joachim Illies
Mit der Aggression leben
Band 536, 128 Seiten, 3. Aufl.

Der Mensch zwischen Furcht und Hoffnung
Wissenschaft als Heilserwartung
Band 554, 128 Seiten